SUPPLÉMENT

A

L'ESSAI SUR LA VIE ET LES OUVRAGES

DE BERNARDIN DE SAINT-PIERRE.

✻

IMPRIMERIE DE J. TASTU,
RUE DE VAUGIRARD, Nº 36.

✻

SUPPLÉMENT

A

L'ESSAI SUR LA VIE ET LES OUVRAGES

DE BERNARDIN DE SAINT-PIERRE.

RENFERMANT

L'HISTOIRE DE SA CONDUITE PENDANT LA RÉVOLUTION,
ET DE SES RELATIONS PARTICULIÈRES
AVEC LOUIS, JOSEPH ET NAPOLÉON BUONAPARTE.

Par Louis Aimé-Martin.

PARIS

IMPRIMERIE DE J. TASTU,

RUE DE VAUGIRARD, Nº 36.

*

1826.

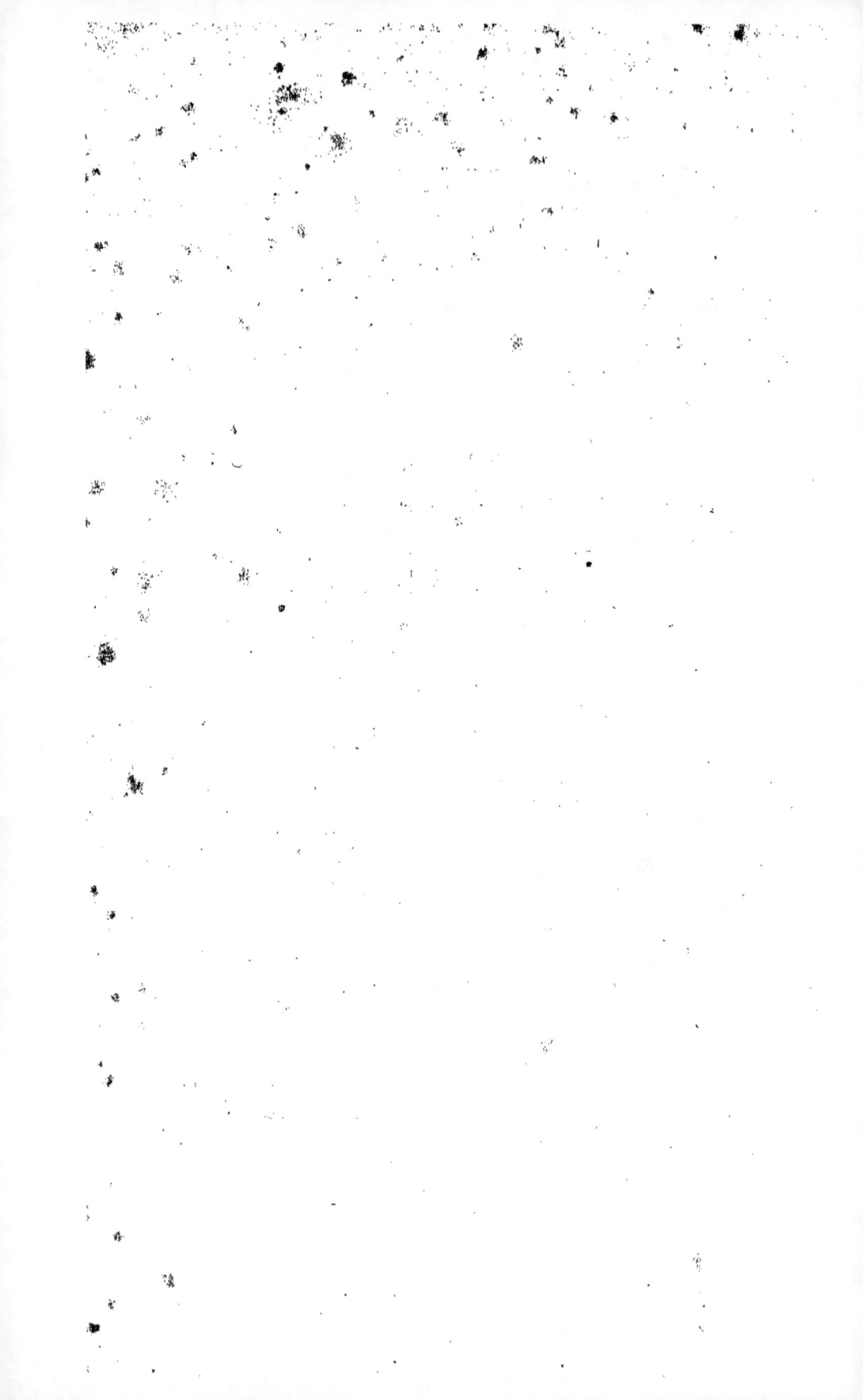

PRÉFACE.

Si le caractère du moraliste peut donner quelque poids à ses écrits, j'aurai fait un présent utile au public en publiant ces trois volumes de Correspondance, où la morale de Bernardin de Saint-Pierre est appuyée de l'autorité de toute sa vie!

Ces trois volumes se composent de plusieurs recueils.

Le premier renferme cent cinquante lettres écrites à la même personne, pendant un espace de vingt-cinq ans [1]. Bernardin de Saint-Pierre dépose ses pensées

[1] Je l'ai reçu de M. Hennin qui lui-même l'avait reçu de son père à qui ces lettres étaient adressées.

les plus secrètes, ses sentimens les plus intimes dans le sein d'un ami. C'est le tableau complet de cette époque de sa vie, de toutes ses souffrances, de toutes ses vertus; c'est un traité de philosophie pratique, c'est la plus magnifique introduction à ses ouvrages!

Le second recueil rappelle une époque plus rapprochée, et offre quelques détails touchans de la vie privée de l'auteur [1].

Le troisième recueil se compose des lettres de Bernardin de Saint-Pierre à sa première et à sa seconde femme : ces lettres ne devaient jamais voir le jour. C'est un mal de porter la lumière dans l'intimité des familles, mais c'est un plus grand mal encore de les laisser calomnier. J'ai voulu fortifier les bons, j'ai même cherché.

---

[1] Je l'ai également reçu des mains de M. Robin, digne ami de Bernardin de Saint-Pierre.

à éclairer les méchans. Que les méchans jugent donc en lisant ces lettres de la simplicité du sage et des vertus du père de famille, si toutefois ils peuvent les comprendre.

Ces diverses correspondances sont précédées d'un *Supplément à l'Essai sur la vie et les ouvrages de Bernardin de Saint-Pierre*. On y verra l'histoire de sa conduite pendant les temps orageux de la révolution. Ce court épisode, suivi de l'histoire de ses relations avec Louis, Joseph et Napoléon Bonaparte, occupera long-temps la pensée de ceux qui se livrent à l'étude du cœur humain.

Enfin j'ai cru devoir répondre aux calomniateurs, et par occasion à M. Durosoir qui s'est fait leur interprète. C'est la destinée de la vertu d'être livrée aux mains des méchans. Mais, faut-il l'apprendre à

M. Durosoir, le métier de libelliste n'est propre à rien d'utile, à rien de bon. Qu'il vive, à ce prix j'y consens. Cependant si sa raison peut acquérir quelque maturité, il sentira combien il m'a d'obligation de l'avoir corrigé; il verra, et j'emploie ici à dessein les expressions si remarquables d'un grand critique : « Il verra qu'un li-
» belliste qui ne couvre pas de talens émi-
» nens ce vice, né de l'orgueil et de la
» bassesse, croupit toute sa vie dans l'op-
» probre; qu'on le hait sans le craindre,
» qu'on le méprise sans qu'il fasse pitié,
» et que toutes les portes des honnêtes
» gens lui sont fermées. » (*Mél. litt.*, t. II, lettre à Laharpe, p. 410.)

SUPPLÉMENT

A

L'ESSAI SUR LA VIE ET LES OUVRAGES

DE BERNARDIN DE SAINT-PIERRE.

RÉFUTATION.

❋

LE 26 novembre 1824, je reçus la lettre suivante :

« Mon cher Aimé,

» J'apprends que M. Durosoir a fait sur
» notre Bernardin de Saint-Pierre, un article
» fort inconvenant pour la Biographie uni-
» verselle. Il est à propos que vous voyiez
» M. Michaux, afin de prévenir de nouvelles
» calomnies contre le plus beau génie de la

» dernière époque. Je n'ai que le temps de
» vous écrire ces lignes; vous me saurez gré
» de n'en avoir point perdu pour vous mettre
» en garde contre ces infamies.

» CHARLES NODIER. »

Je fus peu surpris de cette lettre. Depuis
long-temps je connaissais les manœuvres des
ennemis de Bernardin de Saint-Pierre pour
obtenir un article de ce genre; je savais que
toutes les calomnies répandues contre la mémoire de ce grand homme, sortaient des
ateliers de quelques misérables aussi peu en
état de concevoir son caractère que de comprendre ses écrits; mais je n'imaginais pas
qu'il fût possible de trouver même au dernier
rang des écrivains un homme prêt à servir de
si tristes passions. Toutefois ne voulant pas
négliger l'avis que je venais de recevoir, je me
rends chez M. Michaux, libraire, qu'il ne faut
pas confondre avec M. Michaux de l'Académie
française. Tout le monde sait que ce dernier

est un homme plein de justice et de politesse.
Je me rendis donc chez M. Michaux, libraire,
mais vainement j'essayai de le convaincre
qu'il était de son intérêt de ne pas publier des
calomnies; vainement, pour éclairer sa cons—
cience, je lui proposai de mettre à sa disposition tous les papiers de Bernardin de Saint-
Pierre; vainement enfin j'en appelai à son
honneur en me bornant à demander la suppression des passages dont je pourrais prouver
la fausseté les pièces à la main : il se refusa à
toutes mes offres, ne voulut rien voir, rien
entendre, et je me retirai bien convaincu que
l'éditeur de la Biographie universelle ne faisait si peu de cas de la vérité, que parce qu'il
pensait que c'est une mauvaise marchandise.
Cependant une seconde lettre me fit croire un
moment que cet homme s'était ravisé.

« Je suis enchanté, me disait-on, de l'heu-
» reux tour qu'a pris votre affaire : voici un
» fait qui confirmera sans doute le détracteur

» de Bernardin de Saint-Pierre dans sa juste
» résipiscence. Le marquis de Montciel à qui
» on avait écrit pour savoir s'il était vrai que
» Bernardin de Saint-Pierre lui eût refusé un
» asile au Jardin du Roi pendant les orages
» de la révolution (assertion qui avait trouvé
» place dans la Biographie), a répondu que
» rien n'était plus faux [1], et que l'auteur de
» Paul et Virginie avait au contraire publié à
» cette époque une brochure royaliste qui lui
» avait attiré la haine des jacobins [2]. Vous pou-
» vez, mon cher ami, faire tel usage que bon

---

[1] Cette réponse est positive, et l'on pense peut-être
que M. Michaux s'est empressé de faire disparaître l'a-
necdote qu'elle dément. Non, il l'a laissé subsister dans
les exemplaires envoyés en province, et ne l'a supprimée que dans quelques-uns des exemplaires distribués
à Paris. Ainsi, d'un côté il se donne l'air d'un homme
impartial, et de l'autre il fait circuler la calomnie. J'en
appelle aux souscripteurs des départemens, qu'ils ouvrent
le 40e volume de la Biographie, et qu'ils jugent M. Michaux !

[2] C'était une invitation à la concorde. Elle fut affichée,
et le peuple courut briser les vitres de l'imprimeur.

» vous semblera de ce démenti donné à l'au-
» teur de l'article. La lettre originale est en-
» tre mes mains [1].

» CHARLES NODIER. »

Une seule chose, je l'avoue, me frappa en lisant cette lettre. C'est l'infatigable constance avec laquelle les ennemis de Bernardin de Saint-Pierre, allaient quêtant le scandale dans l'unique but d'outrager la mémoire d'un grand homme. Trois mois s'écoulèrent cependant

---

[1] Voici l'origine de cette anecdote. M. de Montciel, charmé des ouvrages de Bernardin de Saint-Pierre, lui fit proposer par une personne tierce de venir habiter son château. J'ai répondu de mon mieux à des offres de services si agréables, dit dans une de ses préfaces l'auteur des *Études*, mais je n'en ai accepté que la bienveillance. Il est curieux de voir comment les actions les plus honorables peuvent être transformées en actions coupables. Bernardin de Saint-Pierre n'accepte pas la retraite que lui offre M. de Montciel; aussitôt la calomnie s'empare de ce refus, et, renversant les faits, il se trouve tout-à-coup que c'est M. de Montciel qui a demandé un asile à Bernardin de Saint-Pierre, et que cet asile lui a été refusé.

sans aucune démarche de ma part, et je commen-
çais à ne plus songer à cet article, lorsque
un matin, au moment où j'achevais de rédiger
les délibérations de la Chambre, je vis entrer
dans mon cabinet un ancien ami de Bernardin
de Saint-Pierre : son visage portait l'empreinte
de la plus vive indignation. « Lisez, me dit-il,
en jetant sur ma table le quarantième volume
de la Biographie universelle ; voilà le prix
d'une vie entière consacrée au bonheur des
hommes ! » J'ouvris le livre, et après une lecture
rapide de l'article : En vérité, dis-je à mon
ami, je ne conçois rien à votre colère. Exami-
nons cet article avec sang-froid. Quel est le
but de l'auteur ? de déshonorer la mémoire de
Bernardin de Saint-Pierre. Je doute fort qu'un
pareil but puisse lui mériter l'estime publique.
C'est un triste rôle que celui de détracteur des
grands hommes. L'écrivain qui tombe aussi
bas, ne se relève jamais : quel que soit le succès de ses efforts, il est toujours sûr de ren-
contrer le mépris.

Et quant à l'auteur de l'article, qu'a-t-il fait pour remplir son but? a-t-il cherché la vérité, ou cherché le mensonge? c'est toute la question, et je ne pense pas que le public puisse s'y tromper un seul moment. La mauvaise foi et le dessein de nuire percent ici à chaque page. Le libelliste s'est mépris au point d'imaginer qu'il suffisait d'accuser un homme pour le faire paraître coupable; il veut qu'on prenne ses assertions pour des preuves, et ses injures pour des argumens. Mais le public n'adoptera pas sans efforts des idées qui vont blesser ou renverser toutes les siennes; je dis plus, il n'est pas un seul lecteur des Études de la Nature et de Paul et Virginie, dont on ne soit sûr d'exciter la surprise, d'éveiller l'incrédulité, lorsqu'on viendra lui dire : L'auteur de ces divins ouvrages était un malhonnête homme. Ce sentiment qui sera général doit amener l'examen de l'article, et c'est là, croyez-moi, que s'arrêtera le triomphe de la calomnie. En vain le méchant s'appuie du mensonge

et foule aux pieds la vérité : la conscience
publique rétablit tout dans l'ordre. Vous re-
présentez Bernardin de Saint-Pierre comme
un ennemi du culte et de la religion, dira-
t-on à M. Durosoir : montrez-nous parmi
les ennemis du culte et de la religion un seul
écrivain qui se soit appuyé de ses doctrines ?
Vous dites qu'il a caressé les maximes révolutionnaires : montrez-nous parmi cette foule
de misérables qui se sont faits nos maîtres,
un seul publiciste, un seul orateur qui ait in-
voqué ses principes ? Nous voulons connaître
les peuples qu'il a dépravés, les factieux qu'il
a soutenus, les impies ou les fanatiques qui
se disent ses disciples ? Parlez, éclairez-nous,
car vous avez dit tout cela, et il ne vous reste
qu'à le prouver. Voilà, mon ami, ce que le
public dira à M. Durosoir, et pensez-vous que
son article ait besoin d'une autre réponse ? —
Oui ! et cette réponse, je viens vous la demander. Je veux croire que les amis de la vérité
parleront comme vous, mais combien d'autres

parleront autrement. Songez aux suites funestes de votre silence. Le caractère du moraliste
donne aussi quelque poids à ses paroles! que
deviennent les hommages que Bernardin de
Saint-Pierre rend à la religion, et ses argumens invincibles sur la bonté de la Providence ?
Que deviennent ces tableaux ravissans de la
nature, qu'il unit aux tableaux de la vertu
pour nous élever jusqu'à Dieu ? Il écrivait
contre sa pensée, dira l'incrédule; n'ayez plus
de foi à la vertu, diront les faux philosophes;
vous nous ôtez notre consolateur, diront les
malheureux; lui, notre ami, le seul écrivain
qui, en faisant un livre, se soit toujours occupé de nous. Ainsi, le but de cet article est
de déshonorer l'homme, et son effet d'ôter
toute confiance au moraliste.

Ici je ne pus m'empêcher d'interrompre
mon ami : Il me semble, lui dis-je, que vous
donnez beaucoup d'importance aux écrits de
M. Durosoir ? — Et comment ne leur en don-
nerai-je pas. Voyez avec quel art perfide

il sait détourner le sens de vos pensées pour
en faire jaillir la calomnie! comme il dénature
la vérité par des équivoques, comme il l'obs-
curcit par des restrictions ! Sous sa plume
les actions les plus innocentes deviennent des
actions coupables : ainsi, lorsque vous peignez
le jeune de Saint-Pierre, déjà sensible aux beau-
tés de la nature, se passionnant aux récits des
voyageurs, lisant en classe, lisant dans ses pro-
menades, et s'emparant, pour satisfaire cette
innocente passion, des livres mêmes de son
régent, M. Durosoir se saisit de l'aveu de cet
enfantillage pour faire entendre que Bernardin de Saint-Pierre était un mauvais sujet qui
volait les livres de ses camarades. C'est encore
ainsi qu'il l'accuse sérieusement de s'être fait
nommer ingénieur en trompant l'autorité [1],
parce que les bureaux crurent donner cette
place, non à un homme de mérite, mais à un
homme recommandé : circonstance que M. de

---

[1] *Biographie*, tome 4o, p. 52.

Saint-Pierre regarda toute sa vie, comme un coup de fortune, mais dont il ne profita pas sciemment, puisqu'il n'en fut instruit que long-temps après. Vous faut-il d'autres preuves de la bonne foi du biographe, écoutez ceci : « Le » discours du Paysan polonais offre une de » ces déclamations républicaines qui s'adres- » sent aux passions populaires, et qui sont » toujours sûres d'être bien accueillies dans » les jours de révolution ». En lisant ce pas-sage ne croirait-on pas que l'auteur a composé et publié le Paysan polonais à l'époque de la révolution, pour flatter les crimes de la mul-titude. Eh bien! cet opuscule fut publié pour la première fois en 1818, et l'auteur l'avait écrit en Pologne, non pour flatter les révolu-tionnaires, mais pour appeler la pitié de la terrible Catherine sur le peuple qu'elle venait d'asservir!

Que penser d'un écrivain qui se respecte assez peu lui-même pour supprimer la moitié des faits et dénaturer l'autre? Et cependant ces

assertions mensongères peuvent devenir des
vérités historiques, si vous gardez le silence!
— N'en croyez rien, mon ami; de pareilles
infamies ne tromperont personne. Il faudrait
être aussi méchant que le calomniateur pour
le croire. Qu'il remplisse donc sa mission! Les
censures des esprits médiocres contre les hommes supérieurs sont comme les murmures des
sophistes contre la Providence; elles attestent
la grandeur de ce qu'ils blâment. — Quoi!
vous laisserez publier sans réclamation qu'à
Malte Bernardin de Saint-Pierre devint fou [1];
qu'en Hollande il abandonna, par caprice,
un emploi qui lui rapportait des émolumens
considérables [2]; qu'en Russie il se montra peu
délicat envers ses amis [3], et ingrat envers ses

[1] *Biographie*, tome 40, p. 65.

[2] Il n'eut jamais d'emploi en Hollande; on lui offrit
une place de journaliste, et il la refusa. Ces détails sont
imprimés : pourquoi ne pas être au moins copiste fidèle.

[3] Il eut plusieurs protecteurs en Russie, et un seul ami,
M. Duval. Cet ami fut assez heureux pour l'obliger, et
la reconnaissance de Bernardin de Saint-Pierre a duré

chefs [1]; qu'en Pologne il vécut publiquement avec une princesse [2]; que, trahi dans ses amours, il emprunta 2000 francs au *prince d'Hennin* [3], et courut en Saxe chercher des plaisirs licencieux dans les bras d'une courtisane [4]; qu'à l'Ile-de-France il donna l'exemple de la cruauté envers ses esclaves [5]; qu'aucun

autant que sa vie; elle est exprimée dans ses premiers et dans ses derniers ouvrages. Est-ce là ce que M. Durosoir appelle manquer de délicatesse?

[1] Il abandonna le service de la Russie parce qu'on avait fait une injustice à son chef, M. de Villebois. Est-ce là ce que M. Durosoir appelle de l'ingratitude?

[2] Il ne vécut pas publiquement avec une princesse. Voyez l'Essai sur la Vie, p. 158, etc.

[3] J'avais dit que M. Hennin, résident de France en Pologne, avait ouvert sa bourse à Bernardin de Saint-Pierre. M. Durosoir change tout cela, il donne une principauté à M. Hennin. Il faut que ce biographe aime bien l'erreur puisqu'il ment, même sans intérêt.

[4] Il ne courut point en Saxe chercher des plaisirs licencieux dans les bras d'une courtisane. Voyez l'Essai sur la Vie de Bernardin de Saint-Pierre, p. 188, et jugez de la bonne foi du libelliste, même quand il copie.

[5] Bernardin de Saint-Pierre, dans sa course autour de l'Ile-de-France, chargea un esclave d'un fardeau de quatre-vingts livres. Cet esclave, suivant M. Durosoir,

b

homme ne porta aussi loin l'oubli de la dignité
d'homme de lettres; qu'il fut le flatteur de Buonaparte, l'ami des révolutionnaires, et le disciple des théophilantrhopes! — Mais voici le
côté comique, ajouta mon ami; croiriez-vous
que le benin critique dispute même à Bernardin de Saint-Pierre cette belle et noble
figure qui inspirait la vénération, ces traits si
purs, si gracieux, sur lesquels tant d'années
de malheurs n'avaient laissé qu'une impression touchante de mélancolie? Aussi bon juge
de la beauté que de la vertu, M. Durosoir fait
observer que le public était abusé par une illusion d'optique, et que, si Bernardin de

se fit au pied une blessure *grave*, et Bernardin de Saint-
Pierre eut la barbarie de continuer sa marche. M. Durosoir ne voit pas que ces quatre-vingts livres se compo-
saient des vivres nécessaires à la route : c'était la charge
d'Ésope qui diminuait à chaque pas. Quant à la blessure
grave de Duval, malgré la barbarie de Bernardin de
Saint-Pierre, qui eut soin de la faire panser, elle était
guérie le troisième jour, comme on peut le voir dans le
Voyage à l'Ile-de-France, page 121, que M. Durosoir
ne cite pas.

Saint-Pierre était beau de loin, il était laid de près [1].

— Vous m'apprenez là des choses vraiment singulières, lui dis-je; mais est-il bien vrai que M. Durosoir ait écrit cette phrase : *Aucun écrivain n'a porté aussi loin l'oubli de la dignité d'homme de lettres?* Il y a dans son article vingt passages qui seraient en contradiction avec celui-ci.

Mon ami feuilleta un moment le livre; et plaçant son doigt sur la trente-huitième ligne de la deuxième colonne de la page 66 : Voyez, me dit-il, et quant aux contradictions, n'en soyez pas surpris, elles ne coûtent rien à M. Durosoir. Si Bernardin de Saint-Pierre est

---

[1] Pour ne laisser aucun doute à cet égard, le biographe soutient que le portrait de Bernardin de Saint-Pierre, placé à la tête des OEuvres, n'est pas ressemblant; et, comme s'il voulait donner dans la même ligne la mesure de son goût et de son exactitude, il attribue à M. Desenne ce beau dessin, qui est de Girodet, et où tout le monde reconnaîtrait ce grand maître, lors même qu'on n'y lirait pas son nom.

*b**

laid à la soixante-deuxième page, il est beau
à la page 56; si son caractère est estimable à
la page 53, il est méprisable à la page 52.
L'article est un composé de contradictions et
de compensations de ce genre. L'auteur s'y
moque de ses lecteurs, ou, pour mieux dire,
il est honteux de ce qu'il écrit. On le voit
flotter entre le désir de gagner son argent et
la crainte de se compromettre. Ainsi, passant
du mensonge à la médisance, de l'éloge à la
critique, il aura dit, il n'aura pas dit, il aura
calomnié, il n'aura pas calomnié, suivant le
feuillet. Oh! c'est un merveilleux article que
l'article de M. Durosoir!

Ici, interrompant mon ami, je lui demandai
quelle était l'action de Bernardin de Saint-
Pierre qui avait pu faire dire à M. Durosoir :
*Aucun écrivain n'a porté aussi loin l'oubli
de la dignité d'homme de lettres.* Bernardin
de Saint-Pierre a-t-il prostitué sa plume aux
passions des partis? s'est-il vendu au pouvoir,
loué à des libraires? a-t-il, pour un peu d'ar-

gent, calomnié la vertu, injurié le talent, écrit ce qu'il ne savait pas, affirmé ce qu'il ne croyait pas? Quel est son crime enfin? comment a-t-il pu devenir l'objet d'une accusation aussi grave?

— Un crime! dites-vous. En effet, celui de Bernardin de Saint-Pierre est effroyable! Imaginez qu'à l'époque de la publication des *Étudès,* il reçut de toutes les parties de l'Europe une si grande quantité de lettres, que sa correspondance aurait pu occuper deux secrétaires. — Quoi! c'est là son crime? — Écoutez! écoutez! « C'est une de mes plus » grandes peines, disait Bernardin de Saint- » Pierre, de ne pouvoir suffire à des re- » lations si intéressantes. Je suis seul, ma » santé est mauvaise, et je ne peux écrire que » quelques heures de la matinée. J'ai des ma- » tériaux considérables à arranger, que je » n'ai ni la force ni le temps de mettre en or- » dre. Ma fortune même est un obstacle à mes » correspondances, car beaucoup de ces let-

» tres m'arrivent de fort loin sans être affran-
» chies [1]. » Oui, mon ami, voilà le crime de
Bernardin de Saint-Pierre, voilà ce qui a si vivement ému la bile de M. Durosoir, voilà ce
qui lui a fait dire qu'*aucun écrivain n'avait
porté aussi loin l'oubli de la dignité d'homme
de lettres.*

— En vérité, lui dis-je, je commence à
croire que nous avons mal saisi le sens de cet
article. L'auteur a plus de malice que vous ne
pensez : et que diriez-vous, par exemple, si
je vous prouvais qu'il a voulu se moquer des
ennemis de Bernardin de Saint-Pierre ? En effet
voyez avec quelle bonne foi il rappelle leurs
mensonges, leurs calomnies, leurs contradictions ; comme il semble se plaire à les
rendre ridicules et à les montrer méprisables.
Je connais M. Durosoir, c'est un homme
d'esprit qui a fait sa logique : or, comment voudriez-vous qu'un homme d'es-

_____

[1] OEuvres de Bernardin de Saint-Pierre, t. 6, p. 232.

prit qui a fait sa logique eût écrit sérieusement un article dont les argumens se rédui-
sent à ceci : Bernardin de Saint-Pierre, après
deux ans de sollicitations inutiles à Versailles,
court demander du service en Russie ! donc
c'est un libertin. Il a écrit des livres pleins
des sentimens les plus sublimes, de la raison
la plus saine, d'amour de la nature, de Dieu
et des hommes ; donc il méprise les hommes
et n'a point de religion. Il a publié en 1793
une édition des Études de la Nature, avec
l'éloge de Louis XVI, et des vœux pour le
clergé ; donc il écrivait contre le clergé et
flattait les révolutionnaires. Ses ouvrages en-
couragent à la vertu, consolent le malheur,
font aimer la solitude, adorer la Providence ;
donc il était insociable [1], méprisable [2], sans
délicatesse [3], vil flatteur [4], fou [5], brutal

[1] *Biographie,* t. 40, p. 52.
[2] *Idem.*
[3] *Idem,* p. 54.
[4] *Idem,* p. 62.
[5] *Idem,* p. 52.

cruel [1], libertin [2], faussaire [3], voleur [4]. Vous le voyez, mon ami, l'article de M. Durosoir est une continuelle ironie! Comme l'ouvrage de Rabelais, c'est un os qu'il faut briser pour en tirer la moelle.

La raillerie est ici hors de saison, reprit mon vieil ami; si vous aviez mon expérience, vous sauriez qu'il n'y a point d'erreurs pour la multitude, dans un livre où chaque ligne est une erreur. Le vulgaire peut se tenir en garde contre un fait, mais non contre tous les faits. Or, l'article de M. Durosoir n'étant d'un bout à l'autre qu'un recueil d'impostures, le silence ne vous est plus permis : ne pas confondre le calomniateur, c'est laisser triompher la calomnie. — La conséquence n'est pas juste, lui répondis-je; car enfin que peut-on conclure de cet article qui vous inspire tant de cour-

[1] *Biographie,* tome 40, p. 55.
[2] *Idem,* p. 54.
[3] *Idem,* p. 52.
[4] *Idem, id.*

roux? rien, sinon que Bernardin de Saint-Pierre ne plaît pas à M. Durosoir : c'est sans doute un grand malheur, mais est-il donc indispensable de faire un livre pour cela? Le musicien Antigenide ayant joué de la flûte devant quelques grossiers auditeurs qu'il ne put émouvoir, ses disciples ne s'amusèrent point à démontrer la beauté de ses accords, mais ils le supplièrent de ne pas s'interrompre, et de jouer *pour eux et pour les muses.* Vils calomniateurs, votre stupidité n'étouffera point la voix du maître! elle se fait entendre dans tous ses ouvrages! Il y chante aussi pour ses disciples et pour les muses, et ses divins accords nous font aimer la vertu dont sa vie nous offre l'exemple. — Voilà, reprit froidement mon ami, une réponse qui ne répond à rien. On n'est insensible ni à l'harmonie de son style, ni à la grâce de ses écrits; mais on poursuit sa mémoire, on dénature ses principes, on calomnie ses actions! — On le calomnie, dites-vous! qu'y a-t-il donc à s'étonner?

Il faut bien que le sage éprouve le sort des sages ; les siècles soi-disant philosophes sont surtout favorables aux petits talens, et les petits talens sont les plus dangereux ennemis des talens supérieurs, parce qu'ils sont en grand nombre et toujours liés à de grandes ambitions; voyez Fénélon dans l'exil, Rollin arraché à ses élèves, le grand, le pieux Arnaud, chassé, insulté, persécuté ; Descartes accusé d'athéisme par des athées; Pascal traité d'impie par des impies, d'imposteur par des imposteurs. Et cependant rien de plus pur, rien de plus vénéré, que la mémoire de tous ces grands hommes. Invoquerai-je le souvenir de l'antiquité ; Pythagore monte sur un bûcher, Socrate meurt dans les fers, Aristide est banni, Platon livré à l'esclavage. Oh ! profondeur de notre misère ! pour commettre tant de crimes, les méchans n'ont pas même besoin de calomnier toujours la vertu ; le bannissement d'Aristide a ses raisons qui ne sont pas des calomnies. On l'accuse d'être juste comme on

accusait Fénélon d'aimer Dieu pour lui-même.
Nos yeux s'élèvent alors vers le ciel pour lui
demander justice; mais un autre sentiment
semble nous dire en même temps que ces nobles victimes l'ont obtenue dans un autre
monde, par la gloire dont elles jouissent
dans celui-ci !

Mais, dites-vous, c'est peu d'avoir persécuté
Bernardin de Saint-Pierre, on poursuit encore sa mémoire ! Voulez-vous donc que le
disciple soit plus épargné que les maîtres ? N'a-
t-il pas préféré le travail à l'intrigue; le témoignage de sa conscience à celui des hommes;
n'a-t-il pas consolé les malheureux, défendu la
liberté des peuples, éclairé la sagesse des rois?
Voilà sa gloire ! voilà la vérité qui doit survi-
vre à tout; le monde entier se liguerait pour
étouffer une seule vérité, ses efforts seraient
vains. Écoutez la voix des siècles ! au milieu des
accusations, des persécutions, des calomnies,
pourquoi ce mépris profond pour les calomniateurs ? pourquoi ce concert éternel de

louange pour la sagesse, d'admiration pour le génie ? Les outrages des méchans, croyez-moi, ne déshonorent que leur mémoire. Leur succès même n'a point de réalité : en vain la haine d'Anythus poursuit Socrate, elle ne peut atteindre qu'un homme vieux, laid, chauve, camus ; le maître de Platon, le divin Socrate, le vrai Socrate, lui échappe, et rayonne d'immortalité !

Je ne défendrai point Bernardin de Saint-Pierre, ma réponse est dans ses ouvrages !

— Oui, pour les lecteurs éclairés, mais ces mêmes ouvrages sont dépecés, cités, torturés par le biographe. Il est si sûr de les avoir lus, qu'il cite même des ouvrages que l'auteur n'a jamais faits. Que penseront les souscripteurs bénévoles de la Biographie, en apprenant que Bernardin de Saint-Pierre *fit paraître* les deux premiers livres de l'Arcadie ¹ ? Il faut bien que

_____

¹ Voyez la *Biographie,* page 57. Les personnes les moins instruites savent que Bernardin de Saint-Pierre n'a publié que le premier livre de l'Arcadie. Nous avons

M. Durosoir ait lu le second, puisqu'il en parle
si savamment. Il faut bien qu'il ait lu les préfaces de Bernardin de Saint-Pierre, puisqu'il
assure que l'auteur y demande l'aumône au
public [1]. Il faut bien qu'il ait lu l'Essai sur
Jean-Jacques Rousseau, puisqu'il le qualifie
de *morceau biographique à la manière de Plutarque*, ce qui prouve qu'il connaît aussi bien
Plutarque que Bernardin de Saint-Pierre. Il
faut enfin qu'il ait lu les *Études de la Nature*,
puisqu'il affirme que, dans cet ouvrage, Bernardin de Saint-Pierre fronde le clergé : assertion qui ne laisse pas de surpendre, vu la
proposition faite par le clergé, dans l'assemblée
générale du clergé, d'offrir une pension à l'auteur des *Études*. Convenez que M. Durosoir
est doué d'une belle imagination ; non-seule-
ment, il lit dans les ouvrages qui ont été pu-
bliés les choses qui n'y sont pas, mais en-

publié nous - même quelques fragmens des second et
troisième livres, et M. Durosoir s'est arrêté au titre.

[1] *Biographie*, p. 66.

core, il lit dans les ouvrages qui n'ont jamais été faits, les choses qui devraient y être.

Mon ami ne put s'empêcher de sourire en prononçant ces derniers mots, mais reprenant aussitôt une physionomie sévère, il se hâta d'ajouter : Tout ce que vous venez d'entendre n'est rien, auprès de ce qui me reste à vous dire. Croiriez-vous que cet honnête homme n'a pas craint de reproduire les passages du Mémorial de Sainte-Hélène que vous avez signalés comme calomnieux, et dont l'auteur lui-même, je me plais à lui rendre cet hommage, a fait si noblement justice. Ramasser de telles calomnies, c'est descendre bien bas, mais avouer, en les ramassant, que M. de Las-Cases a cru devoir les rejeter de sa seconde édition, ajouter qu'on les cite timidement et sans pouvoir en *garantir l'authenticité*, c'est donner à l'action la plus lâche, tous les dehors de l'hypocrisie la plus coupable. Pensez-vous, mon ami, qu'un homme qui soutient sa cause par de tels moyens, soit bien

convaincu de sa bonté ; et ne faut-il pas avoir
été mordu du chien enragé de la calomnie,
pour se rendre coupable d'une méchanceté
aussi gratuite? Je dirai à M. Durosoir : Quoi,
vous ne pouvez garantir l'authenticité d'un
fait déshonorant, et vous le rapportez! Quel
est donc votre but? ce ne peut être de publier
une vérité, puisque vous avouez que le fait
est douteux ; ce ne peut être de publier même
un fait douteux, puisque vous avouez que l'auteur l'a rejeté comme un mensonge; ce ne
peut être enfin de confondre les calomniateurs, puisque vous laissez l'accusation sans
réponse. Vous vous êtes dit : Je publierai l'imposture ; j'écrirai en haine de la vertu, qu'importe, il en restera toujours quelque chose.
Oui, il restera la honte et le déshonneur qui
s'attachent à celui qui n'écrit que pour nuire !
Il faut que l'abrutissement ait bien des char-
mes, M. Durosoir avait à choisir : comme le
Caliban de Shakspeare, il se trouvait placé
entre les bienfaits d'un sage et les séductions

grossières de quelques matelots ivres ; il a fait le même choix !

Mon ami s'arrêta ; mais voyant que je ne me hâtais pas de lui répondre : En vérité, s'écria-t-il, je n'en aurai pas le démenti, et je suis curieux de savoir si vous résisterez à cette page. L'auteur a voulu peindre l'époque où Bernardin de Saint-Pierre publia le prospectus de sa belle édition de *Paul et Virginie* ; écoutez :

« Saint – Pierre jouissait d'un logement
» au Louvre [1], et de la pension que lui fai-
» sait Joseph Buonaparte qui était de plus
» de 6,000 francs [2], sans compter une de
» 2,000 francs qu'il recevait du gouverne-
» ment [3]. Saint-Pierre possédait enfin cette

---

[1] A cette époque (1803), il ne jouissait pas d'un logement au Louvre, attendu que les artistes et les gens de lettres en avaient été renvoyés en 1801.

[2] A cette époque (1803), il n'avait point de pension de 6,000 francs, attendu que Joseph ne lui fit cette pension qu'en 1805.

[3] A cette époque (1803), il n'avait point de pension de

» aisance qu'il avait tant désirée [1]. Mais tou-
» jours habile à exploiter le prix de ses ou-
» vrages [2], il proposa en 1803 une nouvelle
» édition de son roman de *Paul et Virginie*.
» Cette édition ne se fit pas moins remarquer
» par la beauté de l'impression et des gra-

2,000 francs; il avait une gratification de 2,400 francs dont le paiement dépendait chaque année du caprice d'un commis. On voit dans la Préface de l'édition in-4° de *Paul et Virginie,* que Bernardin de Saint-Pierre était sur le point de perdre cette gratification.

[1] A cette époque (1803), le total de son revenu montait à 4,200 francs, sur lesquels il donnait 400 francs par an à sa sœur, et 400 francs par an à madame Didot, mère de sa première femme. Il lui restait donc 3,400 francs pour tenir sa maison, élever ses trois enfans, fournir aux besoins de sa femme, et assurer l'existence de sa belle-mère. Voilà quel était le sort de l'auteur des *Études de la Nature* à soixante-six ans.

[2] Il fut en effet très-habile, car l'édition de *Paul et Virginie* lui coûta 30,000 francs et lui en rapporta 10,000. Le format n'était plus à la mode, et le prix avait été fixé trop haut, non par Bernardin de Saint-Pierre, mais par M. Didot, son imprimeur. Tout le monde sait que, malgré le mauvais succès de cette entreprise, l'auteur repoussa toutes les offres de la librairie, refusant de livrer un seul exemplaire au-dessous du prix de souscription,

» vures, que par le prix très-élevé du volume,
» qui selon le caractère des ornemens allait
» depuis 172 francs [1] jusqu'à 432. Le portrait
» de l'auteur devait être en tête de l'ouvrage,
» et lui-même ne dédaignait pas de recevoir
» les souscriptions en son domicile, qui était
» alors rue de Varennes, hôtel de Broglie [2].
» Le style de son prospectus, publié en 1803,
» est vraiment curieux [3]. On y voit, à côté de

et cela dans la crainte de diminuer la valeur des exemplaires livrés aux souscripteurs. Son édition lui resta
tout entière, mais il fut fidèle à ses engagemens. Je sou-
haite qu'il y ait beaucoup de traits semblables dans la vie
des ennemis de Bernardin de Saint-Pierre.

[1] Le prix fut fixé par M. Didot à 72 francs et non à 172.
Pour dénaturer ainsi des faits connus de tout le monde,
il faut professer un grand mépris pour la vérité et pour le
public. Heureusement Bernardin de Saint-Pierre a con-
signé dans sa préface tous les détails de cette affaire.

[2] Il n'avait donc pas un logement au Louvre. M. Durosoir devrait, ce me semble, en achevant une page, se
donner la peine d'en relire le commencement; mais je
conçois que cette tâche lui paraisse un peu lourde : il est
plus facile d'écrire de pareilles absurdités que de les relire.

[3] M. Durosoir trouve le style de Bernardin de Saint-
Pierre *curieux*. Je voudrais bien savoir ce que mes lec-

» quelques phrases sentimentales, percer l'a-
» vidité du trafiquant qui vante sa marchan-
» dise [1]. Saint-Pierre eut alors l'honneur fort
» envié de présenter son ouvrage à Napoléon
» au mois de février [2]. Buonaparte, touché du
» mérite de cette charmante production, ne
» voyait jamais l'auteur sans lui dire : Ber-
» nardin, quand nous donnerez-vous des
» *Paul et Virginie?* Vous devriez nous en four-
» nir tous les six mois [3]. »

teurs pensent du sien. C'est pour les mettre à même d'en
juger que je cite ici sa plus belle page.

[1] Que M. Durosoir confonde l'expression de la reconnaissance avec l'avidité d'un trafiquant, rien de plus simple, c'est sa pensée, ce sont ses sentimens; mais qu'il
haïsse tout ce qui porte l'empreinte du génie au point de
ne pouvoir entendre l'éloge des admirables dessins de Girodet, de Gérard, de Prudhon, de Lafitte, etc., voilà ce
qui me confond. Quel intérêt peut-il avoir à cela !

[2] L'exemplaire fut envoyé à M. Maret qui devait l'offrir à l'Empereur ; mais l'Empereur fit écrire à Bernardin
de Saint-Pierre qu'il voulait recevoir le livre de sa main.
L'audience fut donc offerte par Buonaparte et non sol-
licitée par l'auteur, comme veut le faire entendre M. Durosoir. Nous avons sous les yeux la lettre de M. Maret.

[3] Que cela est délicat ! que cela est bien dit ! c'est

Ici mon vieil ami ferma le livre avec impatience. Quoi ! me dit-il, vous ne m'inter-
rompez pas ? Qu'est devenu le disciple de Bernardin de Saint-Pierre, et que faut-il donc
pour l'émouvoir ? — Le mépris , lui dis-je, est
sans colère. M. Durosoir accuse Bernardin de

ainsi sans doute que l'entrepreneur Michaux parle à ses
garçons faiseurs ; mais la brusque malice de Buonaparte
avait une autre expression. On peut en juger, voici le
fait : Le premier consul recevait l'Institut ; il aperçoit
Bernardin de Saint-Pierre au milieu d'un groupe de
savans, écarte la foule, et va droit à lui. « Je viens
» de relire votre roman de Paul et Virginie, lui dit-il,
» vous devriez placer de semblables héros sous les glaces
» du pôle » (faisant allusion à la théorie des marées, et
croyant flatter par cette épigramme les savans qui la
combattaient). Son intention fut saisie , et Bernardin de
Saint-Pierre , éclairé par le sourire ironique des savans, répliqua aussitôt en les désignant d'un regard :
« Général, ce n'est pas moi qui ai fait un roman des
» glaces du pôle. » Le premier consul, peu accoutumé à
des réponses si serrées, fit une pirouette sur le talon, et
s'éloigna. Voilà ce que n'a pu comprendre M. Durosoir, et en vérité qui oserait lui en faire un crime ? Il est
tout naturel qu'il fasse parler Buonaparte comme il fait
agir Bernardin de Saint-Pierre. Le pauvre homme, il
n'a qu'une mesure et il l'applique à tout.

Saint-Pierre d'avoir publié une édition de
Paul et Virginie : voulez-vous que je nie ce
crime? C'est un fait avéré, que Bernardin de
Saint-Pierre a publié ses ouvrages : mais ce
livre fut publié dans un temps de prospérité.
Autre crime que je ne puis nier : c'est un fait
également reconnu, qu'un père de famille qui
possède 3,400 francs de rente, et qui se fait
imprimer, est digne de la critique de M. Durosoir. Tout ce que vous venez de lire témoigne le même bon sens, la même bonne foi,
le même amour de la vérité. Que dirai-je des
autres accusations de bassesse, de cupidité,
de flatterie! Vous êtes des imposteurs, mes
Pères, disait Pascal aux jésuites, après avoir
accumulé les preuves de leurs mensonges. Ma
réponse aura la même énergie et la même
brièveté. Vous êtes un imposteur, dirai-
je à M. Durosoir; car quel autre nom puis-je
donner au rédacteur d'un libelle qui renferme tant d'erreurs *faites sciemment?* Mais,
je le demande, à qui cet homme prétend-il

persuader sur sa parole, sans la moindre apparence de preuves et avec toutes les contradictions imaginables, qu'un auteur dont les ouvrages respirent l'amour de Dieu et de l'humanité, qu'un moraliste dont la vie entière s'écoula dans l'étude des merveilles de la nature et des bienfaits de la Providence, était un monstre d'hypocrisie et d'ingratitude. En vérité, M. Durosoir, vous avez fait là une belle découverte ! Combien il est avantageux au public d'apprendre que ceux dont le génie fait autorité en morale étaient des ingrats et des hypocrites ! Combien il est heureux pour la religion d'entendre accuser les hommes qui lui consacrèrent leurs veilles, de libertinage, de cupidité et d'ambition ! Cet excellent M. Durosoir, il ne pouvait certainement rien écrire de plus utile à la patrie, de plus consolant pour le genre humain !

Et voilà les absurdités auxquelles vous voulez que je réponde ! voilà l'homme que, selon

vous, je dois attacher au pilori, sur la place
publique, devant la multitude curieuse de
nos débats ! Non, de pareilles calomnies ne
méritent que le mépris. O divin auteur de
tant de beaux ouvrages ! ô mon maître ! au
lieu de défendre ta mémoire, je la confie au
public, et je nomme ton calomniateur ?

— Et qui connaît M. Durosoir ?

— Je le ferai connaître. Pour louer dignement Achille, Homère ne rappelle ni ses ex-
ploits ni sa gloire; il peint la bassesse de Thersite, et remarque ensuite froidement que
Thersite était l'ennemi d'Achille.

Ces mots imprimèrent sur le front de mon
ami un air de mécontentement et d'impatience
qui m'obligea de poursuivre. Veuillez me répondre, lui dis-je ; n'est-il pas vrai que, si je
vous présentais une étoffe, vous qui avez de
bons yeux, vous pourriez me dire quelle est
sa couleur; vous me diriez aussi si elle est rude
ou moelleuse, épaisse ou délicate? — Oui,
sans doute. — Et si je présente cette même

étoffe à un aveugle, il ne pourra m'en dire la couleur. — Non. — Ainsi, vous jugerez cette étoffe avec toutes vos facultés ; l'aveugle la jugera avec les siennes, c'est-à-dire avec le tact qu'il a, et non avec la vue qu'il n'a pas. — Cela est incontestable. — Si donc il se trouvait un homme entièrement dénué d'esprit, de sentiment, de délicatesse et de goût, et que cet homme s'avisât de vouloir porter un jugement, il ne pourrait y appliquer les facultés qui lui manquent. — Cela est encore vrai. — Ainsi, son jugement se ressentirait de l'absence de goût, d'esprit, de délicatesse, et il y aurait des actions qu'il ne pourrait comprendre, des vertus qu'il ne pourrait juger. — Vous avez raison. — Dites-moi, à présent, croyez-vous que le jugement de M. Durosoir soit la mesure de ses facultés ou de celles de Bernardin de Saint-Pierre ? — Je crois que ce jugement serait la mesure des facultés de M. Durosoir, s'il était de bonne foi ; mais, soyez-en bien sûr, il ne croit pas un mot de tout ce qu'il

a écrit. — Ainsi, vous pensez que M. Durosoir pourrait avoir de l'ame, du goût, de la
délicatesse, et cependant être un vil calomniateur? — Je ne pense pas cela. Un pareil assem-
blage serait monstrueux; mais je pense que le
public peut être la dupe d'un calomniateur
sans honte, sans esprit, sans talent, et que
l'ouvrage de M. Durosoir nous donne en même
temps la mesure des facultés qui lui manquent et de la méchanceté qui le travaille.
Dans cette position, votre devoir n'est pas douteux : qui défendra la mémoire de Bernardin
de Saint-Pierre, si ses disciples gardent le silence? — J'ai fait mieux que défendre sa
mémoire; j'ai raconté sa vie tout entière;
j'ai retracé les grâces de son enfance, les rê-
ves sublimes de sa jeunesse, et les vertus de
son âge mûr. Vous, mon ami, vous, témoin de
mes études, de mes recherches, de mes efforts
pour remplir le but que je m'étais proposé;
combien de fois m'avez-vous vu troublé, dé-
sespéré par le sentiment de mon insuffisance,

prêt à renoncer à cette noble tâche ! Que suis-
je, me disais-je, pour juger tant de génie, de
raison et de sagesse ! Un seul poëte, dans la
Grèce entière, avait été trouvé digne de chanter
les vainqueurs aux Jeux olympiques, et moi,
placé au dernier rang des disciples de ce grand
homme, j'ose écrire sa vie, peser ses actions
et rappeler ses triomphes sur les sophistes de
son siècle ! Où sont mes titres parmi les sages !
qu'ai-je souffert pour la vérité ! qu'ai-je fait
pour la vertu ! Exercé par le malheur, formé
dans la solitude, ai-je, comme Bernardin de
Saint-Pierre, armé mon ame d'une résignation sans borne aux volontés de Dieu ! Ai-je,
pendant dix ans, combattu toutes mes passions, et porté sans murmure la lourde cui-
rasse de la misère, de l'injustice et de l'oubli !
Ai-je aimé les hommes lorsqu'ils me persécu-
taient, béni la Providence lorsqu'on me ca-
lomniait ! Ai-je mis, comme toi, ô mon généreux maître, tout mon bonheur à être utile à
mes semblables, toutes mes jouissances à étu-

dier la nature, toute ma gloire à faire aimer
ses bienfaits!

Vous le savez, mon ami, toujours mécontent de moi-même, plus mécontent de mon
ouvrage, je ne cessais de l'abandonner et de
le reprendre. Tantôt, me rappelant les outrages des calomniateurs, je me trouvais froid,
indifférent, coupable de mon peu d'énergie;
tantôt, relisant ces pages divines où respirent
la morale de Socrate et l'ame de Fénélon, je
rougissais d'écrire, je rougissais de défendre
la mémoire d'un sage qui avait accompli la loi
en aimant Dieu et les hommes. Pourquoi le
défendre? me disais-je. Si Socrate fut jugé
coupable par l'Aréopage, il est jugé innocent
par la postérité. Laissons donc au temps le
soin de venger les grands hommes; sa puissance n'est fatale qu'aux méchans : semblable
à un fleuve rapide qui entraîne avec lui les
égoûts immondes de nos cités, mais qui re-
vient pur à sa source, après avoir parcouru
les routes de l'espace et du ciel.

Enfin, après deux ans de méditations, d'é-
tude, de travail, j'écrivis ma dernière page.
C'est alors qu'un libraire avide, sous prétexte
de satisfaire aux réclamations de ses souscripteurs, m'enleva une à une les feuilles de mon
livre, et les publia, je puis dire, malgré moi.
Leur lecture, pendant l'impression, me fit encore mieux sentir ma faiblesse. Je trouvais
mon style sans couleur, ma pensée sans vie.
Pour paraître impartial, j'avais presque effacé mon tableau; il manquait à la fois de vi-
gueur, de lumière et de ton. J'aurais dû pré-
voir telle injustice, confondre telle calomnie.
Pourquoi avoir méprisé tant d'accusations méprisables! pourquoi n'avoir pas expliqué cer-
tain trait de caractère que les ames vulgaires
interprétaient à leur envie, et dont j'aurais
pu faire ressortir les témoignages de sa vertu!
Les traits les plus touchans, les anecdotes les
plus piquantes me revenaient alors à la mémoire; et, pour me borner à un seul exemple, que n'a-t-on pas dit de la persévérance

avec laquelle l'auteur des *Études* poursuivait
les contrefacteurs? Les uns l'ont accusé d'a-
vidité, parce qu'il attaquait des fripons char-
gés de ses dépouilles[1]; les autres ont bien
voulu le trouver excusable, vu sa pauvreté;
s'il eût été riche, ils l'auraient blâmé de réclamer le prix de son travail. Mais les véritables motifs de Bernardin de Saint-Pierre ne
furent, j'ose le dire, compris de personne. Ils
étaient d'un ordre supérieur, et, sans doute,
il m'eût été facile de les faire connaître, l'auteur les ayant développés en ma présence;
voici à quelle occasion.

Un jour le poëte Millevoie, qui concourait
au prix de l'Académie, se présenta chez lui
pour solliciter ses suffrages; il venait de visi-
ter dans la même intention plusieurs beaux-
esprits que la fortune par un tour de sa roue

[1] Nous avons compté cinquante contrefaçons des Études, et plus de trois cents de Paul et Virginie. Le produit
de ces éditions aurait fait la fortune de l'auteur, il a en-
richi des fripons.

avait fait grands seigneurs et académiciens.
Encore tout ébloui de la magnificence de
leurs salons, le jeune poëte montra quelque
surprise à l'aspect du cabinet modeste de Bernardin de Saint-Pierre. En vérité, lui dit-il,
j'admire votre goût pour la vie simple et retirée!
pourquoi n'êtes-vous pas sénateur comme vos
nobles confrères ? . . . .
Cette place honorable assurerait votre sort et
celui de vos enfans. — Je l'aurais acceptée,
répondit en souriant Bernardin de Saint-
Pierre, si on me l'eût offerte; mais les gens
même que vous venez de nommer, assurent
que je n'entends rien aux lois de la politique parce que je n'ai étudié que les lois de
la morale et les intérêts du genre humain.
— Vous raillez, reprit Millevoie : on sait cependant que vous étiez porté sur toutes les
listes des notables de la nation; on croit même
que le chef du gouvernement qui avait d'a-
bord recherché votre amitié, et auprès du-
quel vous fîtes une démarche indirecte, vous

proposa une place au Sénat. — J'en conviens,
mais il y mit une condition que je ne pus accepter. Quant au sort de mes enfans, il serait
assuré, si on exécutait les lois sur les contrefacteurs. — Pourquoi vous occuper de ces fripons ? reprit le jeune poëte, la guerre que vous
leur faites est interminable, et m'étonne moi-
même. — Si vous saviez ce que cette guerre
me coûte, elle vous étonnerait bien davan-
tage; j'en ai toujours payé les frais. Mais je
ne la cesserai pas au prix même de ma fortune, car je défends, non ma cause, non la
cause des gens de lettres, mais l'intérêt de la
justice qui est d'une toute autre importance !
Il n'est pas moral de laisser le vol sans puni-
tion; si les tribunaux le tolèrent, la publicité
doit le déshonorer. — Cette pensée est généreuse, mais elle pourrait n'être pas comprise !
— Eh bien, reprit vivement Bernardin de
Saint-Pierre, j'ajouterai pour les faibles intel-
ligences, que si je redemande mon bien aux
contrefacteurs, c'est qu'il me convient mieux

de vivre du fruit de mon travail que de celui
de l'intrigue, et que si je ne suis pas sénateur,
c'est qu'il me paraît plus honnête de vendre
mes ouvrages que ma conscience!

Cette réponse, mon ami, peint à la fois Bernardin de Saint-Pierre et son siècle. Croyez-
moi, si au lieu de réclamer une modique pension due à ses services, il eût aspiré hautement
aux premiers emplois de l'État; si au lieu de
vivre du produit de ses ouvrages, il eût vendu
sa conscience et se fût traîné avec son siècle
dans la fange révolutionnaire; on ne l'accuse-
rait point aujourd'hui de bassesse et de cupidité. Environné de ses complices, couvert des
stigmates de la servitude, en recevant de l'or,
il eût comme eux entendu l'apologie de son
désintéressement; en servant la tyrannie, il
eût comme eux entendu l'éloge de son courage! La fortune, la puissance lui eussent fait
ces nombreux prôneurs que ne donnent ni
la sagesse, ni la pauvreté. Car c'est l'innocence
de sa vie qui a irrité les coupables, c'est la

simplicité de ses goûts qui a servi leurs calomnies, c'est sa volonté ferme de conserver son indépendance qui a soulevé contre lui un peuple d'esclaves et de calomniateurs!

Ceci change toutes mes idées, reprit mon vieil ami. Au lieu de s'affliger de l'article de M. Durosoir, je vois qu'il faut s'en réjouir. En effet, n'est-il pas heureux qu'il se soit trouvé un homme assez intrépide pour se charger à lui seul du poids de toutes ces infamies. En les réunissant dans un seul tableau, il a mis le public à même d'en apprécier la valeur. Il voulait noircir la mémoire d'un grand homme, et il a donné la mesure de la bassesse et de la sottise de ses ennemis. Oh! le rapprochement inattendu de tant de belles inventions est une idée excellente! il étonnera, j'en suis sûr, les inventeurs eux-mêmes. Je me range donc à votre avis, point de réponse à M. Durosoir : mais en le repoussant de la lice vous devez y entrer; votre devoir est d'opposer la vérité aux mensonges, une apologie à une diatribe,

d

les raisons du disciple aux injures des calomniateurs.

Vous voilà redevenu juste, lui dis-je; répondre aux injures de M. Durosoir, c'était
trop descendre, mais tracer l'apologie de Bernardin de Saint-Pierre, c'est, comme vous le
dites, un devoir, et je le remplirai.

Socrate appelé devant ses juges discourait
des actions de sa vie, comme s'il eût oublié
ses accusateurs. Hermogènes lui dit : Il me
semble, Socrate, que tu devrais songer à te
défendre! — Est-ce qu'il ne te paraît pas que
je me défende, répondit Socrate, lorsque je
réfléchis sur la manière dont j'ai passé ma vie!
— Et en quoi cela peut-il te défendre? — En
t'apprenant que je n'ai rien fait d'injuste[1]!

La défense de Bernardin de Saint-Pierre
sera comme celle de Socrate! c'est en réflé-
chissant sur les actions de sa vie, que je mon-
trerai aussi qu'il ne fit rien d'injuste.

[1] Xénophon, *Apologie de Socrate.*

A ces mots, mon digne ami se leva, et me regardant avec des yeux satisfaits : Vous voilà chargé d'une noble tâche, me dit-il ; pour la remplir dignement, n'invoquez que la vérité : car la vérité suffit pour louer le sage qui lui consacra sa vie. En prononçant ces mots, il me serra la main, et sortit.

*d**

APOLOGIE.

*

Resté seul, je m'abandonnai à mes réflexions. Pour les hommes vulgaires, me disais-je, qui ne cherchent ici-bas qu'une portion individuelle de bien-être, toutes les carrières sont bonnes; ouvriers, soldats, laboureurs, n'importe; mais pour les génies élevés dont la pensée s'étend sur le monde, et qui s'inquiètent de ses destins, deux routes seulement sont ouvertes, ils peuvent choisir entre les dons de la fortune et ceux de la vertu. Car les ames fortes ont besoin de s'occuper des grandes choses; leur règne est imposé au genre humain, comme un châtiment, ou comme un bienfait.

Parmi ces êtres privilégiés, ceux qui visent

au pouvoir se montrent d'abord généreux, nobles et flatteurs. Vertus d'ambitieux, simples apparences! S'ils donnent, c'est pour reprendre, s'ils flattent, c'est pour asservir, s'ils paraissent justes, c'est pour préparer les voies de l'injustice : de tels hommes sont le fléau des nations, ils règnent par l'avilissement et par la gloire, réduisant toutes les vertus à une seule : l'obéissance. Ainsi les temps modernes nous ont montré Buonaparté; et les temps antiques, César!

Ceux qui préfèrent la vertu au pouvoir cherchent aussi les suffrages des hommes qu'ils veulent rendre meilleurs et plus heureux : comme ils n'ont rien à donner, ils se donnent eux-mêmes; et tandis que les ambitieux laissent des empires à leurs esclaves, les sages ne laissent à leurs disciples que des vertus à suivre, de grands exemples à imiter. En Grèce, le divin Platon recueille l'héritage du divin Socrate; à Rome, d'infâmes triumvirs se partagent les dépouilles de César.

Bernardin de Saint-Pierre aimait la gloire,
mais il voulait y arriver par la vertu. Né dans
les beaux temps du règne de Louis XV, il put
jouir, encore enfant, de l'aspect d'un peuple
heureux; il lui suffisait alors de contempler le
ciel, la mer et les riches campagnes de la Nor-
mandie, pour être heureux lui-même.

Ses études terminées, un état honorable se
présentait à lui : élève des ponts et chaussées,
estimé de ses chefs, chéri de ses camarades,
en entrant dans la vie, tout dut lui paraître facile, la fortune, les succès, la gloire. Mais ses
illusions durèrent peu. Déjà (en 1759) un
malaise général se faisait sentir dans toutes les
parties du corps politique; nos armées étaient
battues, nos flottes dispersées, nos finances en
désordre, et tous les pouvoirs avilis. Au milieu de cette dissolution générale, quelques
encyclopédistes régnaient encore ; on leur
donnait le nom de *philosophes*, ils étaient
athées. A tant de maux, joignez la vénalité des
charges, les priviléges des corps, les préjugés

de la naissance, un roi sans volonté, une noblesse sans pouvoir, un clergé incrédule, et
vous aurez une faible idée des plaies honteuses
qui rongeaient nos vieilles institutions.

Pour subvenir aux dépenses de la cour, les
ministres proposaient trop souvent des économies fatales aux administrations. Une de ces
économies porta sur les fonds destinés aux
ponts et chaussées, en sorte que la plupart des
ingénieurs et tous les élèves furent remerciés.
La mesure était générale : M. de Saint-Pierre
ne put y échapper.

Ses regards se tournent alors vers l'armée
du Rhin. Il offre ses services, on les accepte,
et il se rend, en qualité d'ingénieur, auprès
du comte de Saint-Germain. Il croyait courir
à la fortune, mais il ne tarda pas à se désa-
buser. Dans les guerres en rase campagne, les
ingénieurs n'ont aucun commandement, et
toute action d'éclat leur est interdite; on les
nommait alors, par dérision, *les immortels*.
Obligé de renoncer à la gloire comme soldat,

M. de Saint-Pierre résolut de se distinguer
comme ingénieur : il lève des plans, trace des
cartes, prend des notes, rédige des mémoires ;
tous ces matériaux sont successivement remis
à l'ingénieur en chef, qui doit en rendre
compte au ministre. Quelle fut donc la surprise de M. de Saint-Pierre, lorsqu'une lettre
de Versailles lui apprit qu'on se plaignait en
cour ¹ de ne rien voir de son travail! Il se rend
aussitôt chez l'ingénieur en chef, lui présente
plusieurs plans nouveaux, et le prie de comprendre dans le reçu de ces pièces tous les
plans déjà remis entre ses mains. L'ingénieur
écrit quelques lignes, les donne à M. de Saint-
Pierre, s'empare de ses papiers, et les dépose
dans une armoire dont il retire la clef. Le bil-
let tracé par l'ingénieur était conçu en ces
termes : « M. de Saint-Pierre vient de me sou-

---

¹ *En cour*. Ce mot désignait autrefois toute l'adminis-
tration du royaume ; il avait cet avantage que chaque
Français, en s'attachant à la chose publique, se croyait
sous les yeux du Roi.

» mettre le plan des positions de l'armée ;
» c'est le seul travail que j'aie reçu de cet in-
» génieur depuis son arrivée au camp. »

Malgré l'indignation que lui inspire ce bil-
let, M. de Saint-Pierre conserve assez de
sang-froid pour redemander ses papiers. L'ingénieur en chef met la main sur son sabre ;
M. de Saint-Pierre saute sur l'épée du troisième ingénieur, présent à cette scène, et se
porte vers son chef, qui prend la fuite en
criant : *A l'assassin!* Cet événement, qui se
passa à Staberg un mois après la bataille de
Corbach, eut des suites funestes pour M. de
Saint-Pierre ; il avait manqué à la discipline,
il perdit son état.

Peu de temps après, Malte étant menacée
d'un siége, on offre à M. de Saint-Pierre un
brevet de capitaine ; il l'accepte, et court s'em-
barquer à Marseille. Arrivé à Malte, les ingénieurs refusent de le reconnaître ; l'esprit de
corps le repousse ; il en appelle au ministre,
la calomnie vient au secours de ses ennemis ;

ils écrivent à Versailles que l'ingénieur-géo-
graphe envoyé par la cour est devenu fou.

Qu'on ne s'étonne pas de cette nouvelle per-
fidie! Un esprit supérieur inquiète toujours
les petits talens, et les petits talens ne veulent
être ni surpassés ni jugés. Voilà pourquoi,
dans tous les rangs, les hommes médiocres
écrasent le mérite et protègent la nullité. Tel
fut le destin de M. de Saint-Pierre : il eut
quelques amis et beaucoup d'admirateurs,
mais il fut persécuté par tous ceux qui purent
voir en lui un juge ou un rival.

Victime aux ponts et chaussées d'une mesure injuste, à l'armée d'un chef perfide, à
Malte de l'esprit de corps, il crut avoir acquis
cette triste certitude, que, dans l'état de la
société en France, un homme sans appui et
sans fortune ne pouvait aspirer à rien d'honnête. « Que faire ? disait-il; la plupart des
emplois se vendent; il n'est permis qu'aux riches de servir la patrie, qu'aux nobles de la
défendre ; tout ce qui ne s'achète pas est à la

disposition des corps, et les corps persécutent
tout ce qui ne leur appartient pas. » Frappé de
ces pensées, il résolut de chercher hors de sa
patrie l'existence que sa patrie lui refusait.
Son délaissement, loin de l'accabler, lui fait
naître le plus généreux des projets ; il songe à
secourir ceux qui sont délaissés comme lui ; il
veut rassembler dans une contrée déserte les
infortunés de tous les pays. Là régneront les
lois de la morale, là le malheur sera respecté,
et la vertu en honneur. Pour faciliter le projet
du philosophe, il le rattache aux intérêts du
commerce ; sa république sera le point de réu-
nion entre l'Asie et l'Europe, elle accroîtra
les relations du genre humain, elle fera bénir
les malheureux !

Alors commence pour lui cette vie aventu-
reuse qui serait le plus agréable des romans,
si elle n'était la plus morale des histoires.
Les épreuves ne serviront qu'à développer la
force de son caractère, et il se montrera
également armé contre les séductions de la

fortune et contre les rigueurs de la misère.

Transporté au fond de la Russie, il y trouve
des protecteurs qui deviennent aussitôt ses
amis : l'un d'eux, M. de Villebois, tenté, par
une voie extraordinaire, de le faire réussir à
la cour, et peut-être il ne tint qu'au jeune
Français de supplanter Orlof, de prévenir Potenkin et de changer les destins du Nord. Les
Orlof étaient des bergers nouvellement arrivés
de l'Ukraine; Potenkin était un simple officier des gardes. Dans cette cour peuplée d'hommes nouveaux, il suffisait de plaire pour ré-
gner, le pouvoir y devait être une des faveurs
de l'amour. L'Impératrice avait remarqué
M. de Saint-Pierre : dès-lors les grands s'em-
pressent autour de lui, les marchands lui of-
frent des équipages, des meubles, des hôtels.
Comme César, il aurait pu dépenser sans mesure, et engager ses créanciers à pousser sa
fortune; mais uniquement occupé de ses projets de colonie, il se refuse à toute intrigue.
Des négocians lui fournissent des fonds, son

plan est dans l'intérêt du pays, l'humanité le réclame, le commerce l'approuve, il est rejeté par le pouvoir.

Alors tout s'attriste autour de lui. Qu'a-t-il trouvé loin de sa patrie? une terre de glace, un peuple barbare, une cour corrompue, des amis malheureux! En proie à la plus noire mélancolie, sa santé s'altère, et dans son abattement il lui eût été doux de mourir!

Le baron de Breteuil, ambassadeur de France en Russie, lui dit un jour : « De grands événemens se préparent; la France n'y est pas étrangère : servez l'indépendance de la Pologne, c'est une occasion de revoir votre patrie, et de courir à la gloire par le chemin de la fortune.» Ces paroles suivies de confidences et de promesses raniment notre jeune aventurier. Son trouble se dissipe, sa douleur s'évanouit : il quitte le service de Russie, arrive en Pologne et tente de se jeter dans l'armée des indépendans ; mais trahi par l'infidélité de ses guides, il tombe au pouvoir

des ennemis; on lui impose la condition de
ne prendre aucun service pendant l'inter-
règne, et pour échapper à la Sibérie, il est
obligé de renoncer à la gloire.

Il croyait avoir épuisé tous les maux de la
vie; mais que devint-il, lorsque la voix terrible des passions se fit entendre? Toujours occupé de sa lutte contre le malheur, il n'a-
vait point appris à combattre le plaisir. Une
jeune princesse, parente du prince de Radziwil,
lui témoigne un tendre intérêt; il aime, il est
aimé. Alors la volupté, l'amour, l'ambition
l'embrasent de tous leurs feux. Une guerre
funeste s'élève dans son sein. Toutes les passions s'arment à la fois, l'une lui crie : Pour
vivre heureux, il faut être riche et puissant;
flatte, trompe, corromps, élève-toi à tout
prix; l'homme sans puissance n'est rien sur la
terre, on le méprise, il fait rougir ce qu'il
aime! l'autre : La vertu est une chimère, le
bonheur est dans le plaisir. Pourquoi ces
vains combats ? l'homme qui résiste à ses pas-

sions, ne jouit de rien; tout le trouble et l'enchaîne, et sa vie s'écoule entre la douleur et le repentir. L'amour venait alors : Si tu ne peux t'élever jusqu'à elle, disait-il, sois son esclave : n'es-tu pas assez riche pour l'aimer, assez noble pour la servir? que faire sans elle dans le monde? Consacre lui ta vie, ou meurs à ses pieds. Mais au milieu de ce choc des passions, la vertu se faisait encore entendre : Infortuné! lui disait-elle, tomberas-tu dans le mépris de toi-même qui est le plus grand de tous les maux? Te laisseras-tu vaincre à tes passions qui sont les plus trompeuses de toutes les amorces? Et parce que l'amour t'enivre, as-tu donc renoncé à ta propre estime? Il comprenait alors qu'il devait y avoir sur la terre un bonheur indépendant de l'amour, de l'ambition et des hommes, mais il ne pouvait encore s'y attacher. Tout meurtri de sa chute, on le vit long-temps errer dans les cours diverses de l'Allemagne, ne pouvant s'éloigner des lieux où il avait aimé, et comme un

esclave échappé, traînant après lui les débris
de sa chaîne.

En France, il avait éprouvé son courage
contre l'ennemi sur un champ de bataille;
en Russie contre les séductions d'un grand
pouvoir; en Pologne contre l'exil, la prison,
la mort; partout victorieux, il n'avait suc-
combé que sous les traits de l'amour. Mais en
succombant, il avait appris à combattre; son
ame s'était épurée par les passions, comme
l'or par le feu, comme le ciel par la tempête.
Enfin, il revit la France; semblable à ces
guerriers de Platon [1] qui se croyaient dignes
des emplois de la république, après avoir
vaincu la douleur, surmonté leurs passions et
triomphé de la volupté, il pensait avoir reçu
du malheur, le droit de servir sa patrie et
peut-être de mourir pour elle.

Le baron de Breteuil, témoin de sa conduite
en Russie et de son dévouement en Pologne,

---

[1] République, liv. III, p. 191.

venait de rentrer en France. Il lui proposa de
réaliser à Madagascar, les projets de république dont il l'avait vu occupé à la cour de
Catherine. Cette mission devant rester secrète,
M. de Saint-Pierre reçut un brevet d'ingénieur
pour l'Ile-de-France, mais hélas! ses illusions
durèrent peu; le comte de Modave qui com-
mandait l'expédition allait à Madagascar, non
pour civiliser le pays, mais pour s'enrichir par
la traite des noirs. M. de Saint-Pierre, instruit de
ses projets pendant la traversée, en eut hor-
reur, et, profitant de son brevet, il s'arrêta à
l'Ile-de-France.

Cette île féconde jetée par la nature, comme
un point de repos entre l'Europe, l'Asie et
l'Afrique, pouvait être le séjour du bonheur,
elle était le séjour de la haine et de la cupidité. On y voyait un peuple plus misérable
que celui de Pologne; des esclaves plus à
plaindre que ceux de la Russie; la pauvreté
de Malte, les préjugés de la France, l'envie
et l'ambition qui se trouvent partout. A cette

e

vue, tous les projets dont M. de Saint-Pierre
s'était bercé jusqu'à ce jour, s'évanouirent
pour jamais. Les leçons du malheur lui avaient
appris à profiter des leçons de l'expérience, et
dès-lors il renonça à l'espoir de réunir les
débris de nos sociétés corrompues pour en
former un peuple heureux. Il se dit : Jusqu'à
ce jour, j'ai couru après un vain fantôme : le
bonheur n'est ni dans l'attrait des richesses,
ni dans l'agitation du monde, ni dans les
vanités du pouvoir, il est en nous. Retour-
nons au point de départ et ne cherchons qu'en
nous ce que nous seul pouvons nous donner.
C'est avec ces sentimens de sagesse, qu'après
trois ans d'exil, il revit la France, résolu de
ne la plus quitter, et d'y chercher un emploi
où il n'y eût à faire que du bien. Le moment
de son retour fut un des plus heureux de sa
vie : quarante ans de travail, d'études et de
gloire, n'avaient pu en effacer le souvenir.
Empressé de quitter une contrée que les noirs
arrosent de leurs larmes, il avait séjourné au

cap de Bonne-Espérance, également souillé
par l'esclavage, et vu en passant l'Ile-de-l'As-
cension dont les rochers sans herbes, sans
buissons, sans eau, parurent plus affreux que
ceux de la Terre de feu au capitaine Cook, qui
avait fait trois fois le tour du monde. Enfin,
il avait traversé l'équateur, si fatigant par ses
chaleurs et par ses calmes. Le manque d'eau
douce, l'ennui de la navigation, le souvenir
de ces terres désolées, celui de l'humanité
malheureuse, avaient répandu la tristesse dans
tous les esprits, lorsque le 29 mai, au matin, il
découvrit l'île de Groaix, près de laquelle on
avait jeté l'ancre pendant la nuit. L'aurore lui
fit voir la mer au loin couverte de bateaux
allant à la pêche des sardines, qui arrivaient
aussi ce jour-là sur les côtes de Bretagne. Des
barques de pêcheurs sillonnaient les flots en tous
sens ; elles étaient remplies de Rayes, de Lieux,
d'énormes Congres, de Homards et de toutes sor-
tes de poissons, la plupart vivans et colorés de
violet, de bleu, de pourpre et de vermillon. Au

e*

milieu de cette abondance, on mit à la voile pour entrer dans le port de Lorient qui n'est qu'à deux lieues de l'île de Groaix : chemin faisant, il respirait l'air de la terre parfumé par le printemps, l'air de la France plus doux encore pour un Français que le parfum des fleurs. Il regardait en silence se déployer, devant lui, les collines tapissées de la plus riante verdure, leurs longues avenues de pommiers, les bocages qui les couronnent, les prairies couvertes de troupeaux et jusqu'aux landes lointaines toutes jaunes d'ajoncs fleuris. Tout avait sa parure printanière. Les rochers même de l'entrée du port Louis s'élevaient au-dessus des flots, couverts d'algues brunes, vertes et pourpres. En entrant dans la rade, les matelots, appuyés sur les passavans du vaisseau, reconnaissaient successivement les clochers de leurs villages. Ils se disaient les uns aux autres : Voilà Penn-Marck, voilà l'entrée de la rivière d'Hennebon, voici l'Abbaye de la Joie ; mais en abordant au port les larmes leur

vinrent aux yeux, quand ils virent sur les
quais, les uns leurs pères, les autres leurs
femmes et leurs enfans qui leur tendaient les
bras en les appelant par leurs noms. Touché
de cette ivresse générale, M. de Saint-Pierre
s'achemina vers une auberge; mais lorsque,
retiré dans sa chambre, il vint à songer qu'il
arrivait dans sa patrie plus pauvre qu'il n'en
était sorti; qu'il n'avait ni enfant, ni épouse,
ni père, ni mère, qui pussent recevoir ses
embrassemens et lui donner des consolations,
son ame se troubla, ses yeux se remplirent de
larmes, il tomba à genoux suppliant cette
Providence qui l'avait déjà préservé de tant
de maux, de lui tenir lieu de père, de mère
et de protecteur. Prière touchante qui fut
exaucée! car les nuages de son esprit s'évanouirent, et il ne retrouva plus dans son cœur
que la joie de revoir sa patrie et de la revoir
aux premiers jours du printemps.

Encore tout ému de ces pensées, il prit la
route de Paris, ne demandant plus à la for-

tune qu'un peu d'aisance et un ami. Ces biens
précieux, il crut les avoir trouvés dans l'af-
fection d'un homme de cour dont tous les sentimens lui avaient paru pleins de délicatesse
et de générosité; apparences trompeuses qu'il
paya de toute sa confiance, comme il avait
payé en Pologne les fantaisies d'une coquette
de tout son amour! Le baron de Breteuil était
un de ces protées habiles qui savent déguiser
leur orgueil sous les formes gracieuses de la
politesse, et donner l'air de la bienveillance
à leur insolente protection. Sa vanité affectait
toutes les vertus, son indifférence se jouait de
tous les sentimens. Les lettres de M. de Saint-
Pierre l'avaient intéressé; il comprit confusé-
ment qu'il pouvait tirer parti des talens de cet
homme qu'il envoyait à son gré combattre en
Pologne, ou faire des lois à Madagascar. Il
savait d'ailleurs que si notre voyageur n'avait
pas fait fortune aux Indes, il en rapportait de
riches collections d'histoire naturelle : ces collections on les lui offrit, et il accepta tout de

la meilleure grâce du monde ; conduite qui fut pour M. de Saint-Pierre comme le gage assuré d'une de ces amitiés exquises, que suivant l'expression de Montaigne il façonnait au patron de son ame forte et généreuse. N'entendant rien aux affections vulgaires, il voyait dans le cœur de son ami toutes les vertus qui n'étaient que dans le sien. Il se disait : J'ai trouvé un autre moi-même ; s'il accepte tout ce que je possède, c'est qu'il veut que rien ne me soit propre et que j'entre chez lui comme un enfant dans la maison de son père. Versons mon ame dans la sienne ; consacrons-lui mes travaux, faisons-lui part de mes pensées ; il a le pouvoir du bien, je l'aiderai dans cette tâche à la fois si douce et si difficile. L'amitié double la force des ames généreuses, l'amour n'est que la faiblesse des bons cœurs. Déjà dans sa naïve confiance il quitte tous les soins de la vie, ne songeant plus qu'à se rendre digne de son ami. Les plus trompeuses caresses entretiennent ses

illusions. « J'ai promesse de la cour, lui disait
» le baron de Breteuil, pour une grande
» ambassade à Naples, à Londres, à Vienne,
» qu'importe ! Vous viendrez avec moi, nous
» ne nous quitterons plus, et je trouverai jour
» à vous faire un sort digne des sentimens
» élevés que je vous reconnais [1]. » Le moment
de réaliser de si généreux projets ne se fit pas
attendre : M. de Breteuil fut nommé à l'ambassade de Naples. Ses vœux étaient remplis,
ce qu'il avait souhaité était en son pouvoir.
Que fait alors ce digne protecteur ? Il prévient
doucement son ami qu'il faut songer à retour-
ner aux Indes : « Mon cher chevalier, lui dit-
il, ce n'est pas ma faute, vous n'êtes pas gen-
tilhomme, je ne puis rien pour vous ? » Qu'on
imagine s'il est possible l'effet que ces paroles
durent produire sur le plus fier et le plus sensible de tous les hommes. La piqûre d'un ser-
pent, le poignard d'un assassin, lui eussent

[1] Lettres du baron de Breteuil.

fait moins de mal. Un froid mortel le saisit, sa vue se trouble, toute son organisation en est ébranlée : hélas ! le bien qu'il voulait faire, son avenir, son ami, tout venait de disparaître. Plus cruelle que l'amour, l'amitié ne lui avait pas même laissé une illusion [1] !

Avec une ame moins élevée, M. de Saint-Pierre eût probablement réussi auprès du baron de Breteuil. Les grands protègent volontiers les talens qui les amusent, et les vices qui les flattent ; mais tout ce qui n'est pas médiocre, leur échappe ou les blesse. Voilà pourquoi le génie des hommes supérieurs nuit toujours à leur fortune ; voilà pourquoi, dans les sociétés modernes, on récompense quelquefois le talent, jamais la vertu !

Les encyclopédistes, qui vivaient dans l'intimité du baron de Breteuil, eurent à peine deviné que M. de Saint-Pierre avait à s'en plaindre, qu'ils lui en dirent du mal. Ceux

[1] Voyez tome I de la Correspondance, lettre 45, p. 172.

qui flattent les passions des grands, sont toujours les premiers à en médire. Pour lui, on le plaignait, on le trouvait digne d'un meilleur sort, on promettait de le protéger. Mais comme tous les emplois ne pouvaient convenir à un homme qui, suivant la belle expression de Plutarque, avait déjà planté et assis les fondemens dorés d'une bonne vie, les soi-disant philosophes ne tardèrent pas à l'abandonner. Fatigués de le plaindre, ils le calomnièrent : sa tristesse était l'effet d'un remords, sa vertu, le langage de l'orgueil. Il avait refusé de servir leurs passions : c'était un homme inutile; sa conversation n'abondait ni en sentences ni en maximes : c'était un homme sans talens. De son côté, il vint à découvrir que ces prétendus sages, qui parlaient sans cesse des intérêts du peuple, trafiquaient de leur pouvoir, et que les plus petits emplois étaient vendus par leurs secrétaires et leurs maîtresses. Cette découverte lui fit perdre encore une illusion, et sa

tristesse s'en augmenta. Partout, à la cour,
à l'armée, chez les philosophes, il avait entendu citer avec éloges les plus beaux traits
de l'histoire; il avait vu récompenser les
peintres qui les représentent, les orateurs qui
les exaltent, les poëtes qui les magnifient. Mais
pas un encyclopédiste n'aurait voulu du mérite d'Épaminondas, l'homme de son temps
qui savait le plus et parlait le moins; pas un
officier ne se serait fait gloire de la continence
de Bayard ou de Scipion; pas un ministre, du
désintéressement de l'Hospital et de la pauvreté d'Aristide. Dans ce siècle de vanité, on
discourait des vertus antiques; mais la vertu
véritable restait dans l'oubli. Chacun songeait
à se rendre plus habile, personne à devenir
meilleur, et les philosophes eux-mêmes, avec
leur style de rhéteur et leur fausse sagesse, ne
se montraient que sous les déguisemens du
rôle qu'ils s'étaient donné; semblables à ces
acteurs qui viennent débiter sur la scène les
belles sentences de la morale, et qui, au bruit

des applaudissemens, courent ensuite derrière le théâtre étaler leur corruption et se rire de leur auditoire.

M. de Saint-Pierre reconnut enfin que la plus folle des vanités est de faire dépendre son sort de l'opinion d'autrui. Résolu de mettre désormais toute sa confiance en Dieu et de marcher seul dans les voies de la justice et de la vérité, il se retira du monde; mais en entrant dans la solitude, il n'y apporta ni amertume ni regrets. L'ingratitude des hommes l'avait porté à l'amour de Dieu, et l'amour de Dieu redoublait en lui l'amour de ses semblables. Éprouvé en même temps par toutes les passions, ses propres souffrances ne lui avaient fait sentir que le besoin de consoler les malheureux. Semblable à la pierre de touche qui reçoit l'empreinte de tous les métaux, mais qui ne conserve que celle de l'or, la sagesse seule était restée.

Depuis cette époque jusqu'à l'heure de sa mort, il ne laissa plus passer un seul jour sans

s'occuper de l'étude de la nature, non-seule-
ment dans son cabinet, mais dans ses prome-
nades, ses voyages, ses lectures, le temps de
ses repas, et celui même de son sommeil. En
cherchant des forces contre le malheur, il
avait trouvé une source inépuisable de consolations et d'espérances. Que de fois je lui ai
entendu dire que si, à cette époque, il avait
pu réunir mille écus de rente pour assurer
le sort de sa sœur et le sien, il n'eût jamais
songé à publier ses ouvrages, content de vivre
ignoré et de léguer ensuite au public le fruit
de ses travaux solitaires ! Mais telle est la destinée humaine, ajoutait-il, en se raillant de
la fortune, que la nécessité qui inspira les
premiers vers d'Horace, me dictait à moi,
pauvre songeur, un gros livre en prose !

Cependant le souci de vivre vint encore
interrompre ses travaux. Son traitement d'ingénieur, d'abord réduit de moitié, avait été
entièrement supprimé. Obligé de reparaître
chez les ministres qui lui refusaient le prix

de ses services, il sollicite les entreprises les
plus périlleuses. Tantôt il veut civiliser la
Corse, pénétrer en Amérique ou remonter le
Nil jusqu'à sa source : tantôt il propose d'en-
treprendre seul à pied le voyage de l'Inde ,
alors peu connue des Européens ; mais toutes
ses offres ayant été repoussées , il commen-
çait à désespérer de la fortune, lorsqu'un
homme excellent, un ami véritable , M. Mesnard ', lui procura une grâce du roi, qui
mit un terme à ces tristes démarches. Ce n'é-
tait ni une récompense, ni un traitement, ni
une pension, c'était un secours de mille francs
pris sur les fonds du contrôleur général des
finances, et par conséquent incertain et pré-
caire. M. de Saint-Pierre le reçut comme un
bienfait de la Providence. Quelque modique
que fût cette somme, elle suffisait à ses premiers besoins, et devenait ainsi la sauve-
garde de sa liberté et de sa conscience. Il se

' M. Mesnard avait alors la ferme générale des Postes.

dit : Comme Virgile, j'ai part à la table
d'Auguste ; comme lui, je veux consacrer ma
vie à mon bienfaiteur. Je puis du fond de
ma solitude faire entendre la vérité toujours
si utile aux rois ; je puis aussi servir les malheureux ; le pain n'est pas le seul bien qui leur
manque, et les consolations sont plus rares
que l'or. Faisons entrer tous les hommes dans
notre société ; mais ne cherchons des amis que
parmi les infortunés. Assis avec eux sur la
dernière marche, je pourrai encore servir ma
patrie et le genre humain. Alors tournant les
yeux vers le ciel, il le bénit, heureux de se
retrouver dans la solitude à l'abri du besoin
et des protecteurs. « O mon Dieu ! s'écriait-il,
» les riches et les puissans croient qu'on est
» misérable et hors du monde, quand on ne
» vit pas comme eux ; mais ce sont eux qui,
» vivant loin de la nature, vivent hors du
» monde. Ils vous trouveraient, ô éternelle
» beauté, toujours ancienne et toujours nou-
» velle ! ô vie pure et bienheureuse de tous

» ceux qui vivent véritablement, s'ils vous
» cherchaient seulement au dedans d'eux-
» mêmes! Si vous étiez un amas stérile d'or,
» ou un roi victorieux qui ne vivra pas de-
» main, ou quelque femme attrayante et
» trompeuse, ils vous apercevraient, et vous
» attribueraient la puissance de leur donner
» quelque plaisir. Votre nature vaine occu-
» perait leur vanité; vous seriez un objet
» proportionné à leurs vertus craintives et
» rampantes. Mais parce que vous êtes
» trop au dedans d'eux, où ils ne rentrent
» jamais, et trop magnifique au dehors, où
» vous vous répandez dans l'infini, vous leur
» êtes un Dieu caché. Ils vous ont perdu en
» se perdant. L'ordre et la beauté même que
» vous avez répandus sur toutes vos créa-
» tures, comme des degrés pour élever
» l'homme à vous, sont devenus des voiles
» qui vous dérobent à leurs yeux malades. Ils
» n'en ont plus que pour voir des ombres; la
» lumière les éblouit. Ce qui n'est rien est

» tout pour eux ; ce qui est tout ne leur
» semble rien. Cependant, qui ne vous voit
» pas, n'a rien vu ; qui ne vous goûte point,
» n'a jamais rien senti ; il est comme s'il n'é-
» tait pas, et sa vie entière n'est qu'un songe
» malheureux. Moi-même, ô mon Dieu, égaré
» par une éducation trompeuse, j'ai cherché
» un vain bonheur dans les systèmes des
» sciences, dans les armes, dans la faveur
» des grands, quelquefois dans de frivoles et
» dangereux plaisirs. Dans toutes ces agita—
» tions, je courais après le malheur, tandis
» que le bonheur était auprès de moi. Quand
» j'étais loin de ma patrie, je soupirais après
» des biens que je n'y avais pas, et cependant
» vous me faisiez connaître les biens sans
» nombre que vous avez répandus sur toute
» la terre, qui est la patrie du genre humain.
» Je m'inquiétais de ne tenir ni à aucun grand
» ni à aucun corps, et j'ai été protégé par
» vous dans mille dangers, où ils ne peuvent
» rien. Je m'attristais de vivre seul et sans

f

» considération, et vous m'avez appris que
» la solitude valait mieux que le séjour des
» cours, et que la liberté était préférable à la
» grandeur. Je m'affligeais de n'avoir pas
» trouvé d'épouse qui eût été la compagne de
» ma vie et l'objet de mon amour, et votre
» sagesse m'invitait à marcher vers elle, et
» me montrait dans chacun de ses ouvrages
» une Vénus immortelle. Je n'ai cessé d'être
» heureux que quand j'ai cessé de me fier à
» vous. O mon Dieu ! donnez à mes faibles
» travaux, je ne dis pas la durée ou l'esprit
» de vie, mais la fraîcheur du moindre de
» vos ouvrages ! que leurs grâces divines
» passent dans mes écrits et ramène mon
» siècle à vous, comme elles m'y ont ramené
» moi-même ! Contre vous toute puissance est
» faiblesse; avec vous, toute faiblesse de-
» vient puissance. Quand les rudes aquilons
» ont ravagé la terre, vous appelez le plus
» faible des vents ; à votre voix le zéphir
» souffle, la verdure renaît, les douces pri-

» mevères et les humbles violettes colorent
» d'or et de pourpre le sein de nos rochers '. »

Ces pages ravissantes furent écrites dans un hôtel garni de la rue de la Madelaine–Saint–Honoré, où Bernardin de Saint–Pierre commença les *Études de la Nature*. Plus tard, en 1781, il quitta cet hôtel pour un petit donjon situé rue Saint – Etienne, près des Pères de la doctrine. Le bon marché du quartier, le plaisir de voir des jardins qui s'étendaient sous ses fenêtres déterminèrent ce nouveau choix. Là, exposé à tous les vents, l'été brûlé du soleil, l'hiver glacé par les frimas, toujours vêtu du même habit, seul, sans serviteur, obligé de se livrer aux soins les plus humbles de la vie, cet homme simple, qui voit accroître sa mauvaise fortune des ennuis de sa sœur et du trouble d'esprit d'un frère infortuné, cet homme froissé par les hommes, et qui sans doute leur paraît à tous

---

' *Études de la Nature*, tome I, p. 111.

f*

si digne de pitié, gens du monde, ne le plai-
gnez pas! Ah! si de vos palais somptueux, si,
du sein de vos faux plaisirs, vous pouviez
goûter la joie divine dont il s'enivre, s'il vous
était donné d'entrevoir la douce lumière qui
est au-dedans de lui, ces flammes d'amour
qui le pénètrent, qui le consument, qui lui
sont une source intarissable de délices, si vous
jouissiez un seul jour de cette vie nouvelle que
donne la sagesse, seul bien digne de l'homme,
parce qu'il est en lui, parce qu'il ne lui est
point ajouté comme vos tristes honneurs,
comme vos richesses passagères, combien
alors vous vous trouveriez misérables au milieu des illusions de la fortune! combien vous
envieriez cette pauvreté, cette solitude qui vous
paraissent si horribles! Voyez-le dans son
étroit asile, assis auprès d'une petite table, un
chien à ses pieds, les yeux fixés, tantôt sur un
livre de voyage, tantôt sur une sphère armil-
laire ou sur un globe terrestre. Quelle science
l'occupe? quelle scène s'ouvre devant lui? Le

monde, qu'il étudie à la lueur de cette lampe,
n'est-il à ses yeux qu'une vaste ruine tombée
au hasard dans l'espace ? Non, il lui apparaît
comme un temple saint qu'une main divine
soutient au milieu des astres; son génie en saisit les détails en même temps qu'il en embrasse l'ensemble; il passe des pôles à la ligne,
du nord au midi, des déserts de la Finlande
aux riantes solitudes de l'Île-de-France ; l'u-
nivers se présente à lui sortant des mains du
Créateur avec ses grâces virginales et ses sublimes harmonies; il voit d'éternels couchans
et d'éternelles aurores se succéder sans inter-
valles autour du globe; les vents qui soufflent
à l'opposite les uns des autres, deux océans
glacés, véritables sources des mers; des monts
métalliques qui rassemblent les eaux à leurs
sommets, et les versent en fleuves sur leurs
flancs inclinés; des nuages d'or et de pourpre
qui se soutiennent dans les airs d'une manière
miraculeuse, et, par une prévoyance qui n'est
point en eux, se dirigent toujours également

sur le globe pour y entretenir la fraîcheur et
la fécondité ; ce temple merveilleux, dont
toutes les parties sont vivantes, qui repose non
sur des rochers, mais sur la lumière et l'espace, renferme dans ses zônes célestes des
vertus souvent méconnues et persécutées sur la
terre, qu'elles couvrent de bienfaits, mais qui
impriment leurs actions en caractères inalté-
rables et lumineux dans le ciel, dont elles sont
descendues.

Voilà les richesses, voilà les contemplations
de ce pauvre solitaire qui n'a peut-être au
monde d'autre ami que le chien qui repose à
ses pieds !

Mais, disent les savans, vers quelles sciences
s'est dirigé son esprit ? a-t-il, avec Herschel,
surpris de nouveaux astres dans leurs mar-
ches ? a-t-il, comme Linné, soumis les plantes
à d'ingénieuses classifications ? est-il entré
dans le monde des infiniment petits, sur les
traces de Réaumur et de Bonnet ? ou, à l'exemple de Buffon, s'est-il attaché à reproduire

tous les êtres qui peuplent le globe, dans une
suite de portraits pleins de grâce ou de vi-
gueur, mais dont aucun tableau ne montre
les relations, dont aucune pensée ne réunit
l'ensemble?

Émule de ces grands hommes, Bernardin
de Saint-Pierre embrassa toutes les sciences,
non pour les rattacher à de nouveaux systèmes, mais pour les ramener à la nature et à
Dieu. Un esprit vaste reçoit la lumière de
toutes parts et la réfléchit par faisceaux. S'il
recueille les observations, c'est pour leur donner de l'étendue; s'il les rapproche ou les di-
vise, c'est pour en tirer des conséquences; il
étudie les détails, mais pour arriver à la contemplation de l'ensemble, car l'ensemble des
choses est leur seul véritable point de vue.
Idée profonde, révélée à Bernardin de Saint-
Pierre par l'étude et l'observation et dont il
fit la base de tous ses ouvrages. Ainsi chaque
plante observée par Linné, il la replace dans
son site; chaque insecte observé par Réaumur,

il le rend à sa plante; chaque animal décrit
par Buffon, il le ramène sur son sol natal.
Nos vaines sciences avaient tout brouillé, en
voulant tout classer; il rétablit l'ordre de Dieu
même; il rend à chaque chose leurs relations
primitives; il reconstruit le livre de la nature,
afin de nous y faire lire successivement les
lois de sa sagesse, les prévoyances de ces lois,
et les bienfaits de ces prévoyances.

Cette marche si simple, et cependant si lu-
mineuse, étonna les sophistes et blessa les savans : l'auteur écrasait l'athéisme, irritait les
vanités, on l'accusa d'ignorance. Il s'en était
accusé lui-même dans maints passages de son
livre, conservant encore sur ses détracteurs
cet avantage de savoir qu'il était ignorant.
Mais cet ignorant avait eu sur toutes les sciences des aperçus nouveaux; il s'était dit : Les
savans n'étudient que leurs systèmes, source
éternelle d'erreurs; étudions la nature, source
éternelle de vérités. C'est en recherchant ses
lois, et non en lui appliquant les nôtres, qu'on

peut se promettre d'être utile aux hommes et agréable à Dieu. Dès-lors, la sagesse de la Providence lui est révélée, et, pour nous borner à un seul exemple, la géographie, science aride et confuse jusqu'à lui, devient tout-à-coup une science divine de proportion et d'ensemble; où l'on n'avait vu que des ruines, son génie découvre un monument tout entier. En suivant la direction des montagnes, sur le globe, il reconnaît l'intelligence qui posa leurs fondemens; en suivant le cours des eaux, à travers les campagnes, il signale la sagesse qui pourvoit à nos besoins; en observant les différentes zônes des végétaux et des animaux dans toutes les parties du monde, il nous apprend que chaque plante a son site, chaque animal sa patrie, et que Dieu l'a ainsi voulu afin que la terre entière appartînt à l'homme. Tout ce qui paraissait dans la confusion prend un ordre, tout ce qu'on attribuait au hasard devient l'œuvre d'une intelligence. Il y a une géographie des plantes, une géographie des

animaux, une géographie des fleuves, une
géographie des montagnes : c'est un monde
nouveau que l'auteur dévoile et semble créer.
Et que de prévoyances touchantes, que de
relations inconnues entre ces divers phénomènes ! Les végétaux sont comme de grandes
familles qui se partagent le globe pour l'embellir et le féconder ; l'air se charge des se-
mences des plantes alpines, qui, semblables à des oiseaux, sont pourvues d'ailes
légères ; l'eau emporte les graines des plantes
aquatiques qui voguent sous leurs voiles
comme des nautiles, ou glissent sur leurs na-
geoires comme des poissons. Le point où elles
croissent, celui où elles s'arrêtent changent
les mœurs et les habitudes des peuples. La
géographie botanique donne à notre observateur le tableau de toute la terre : ainsi pendant que la nuit couvre encore nos rivages,
le soleil se lève sur les archipels des Philippines,
des Moluques et des Célèbes. Déjà le noir in-
sulaire de Gilolo secoue les clous du giroflier,

et l'habitant de Sumatra vendange les grappes
qui renferment le poivre. De tous côtés, sur
les rives de Java, dans les forêts pleines de
paons et de pigeons au plumage d'azur, on
entend crouler les noix du muscadier. Plus
au nord, vers le couchant, les filles de Cey-
lan roulent, posée sur leurs genoux, la tendre
écorce de la cannelle. Mais déjà l'astre du jour
inonde l'Asie orientale des feux du midi, et
prolonge ceux du matin sur l'Afrique. Voyez
l'Arabe de Moka emballer dans des peaux de
chameau les fèves de ses cafés, tandis que
d'autres Arabes, montés sur des bœufs, cô-
toient le Zara et viennent nous apporter, de
l'embouchure du Sénégal, les gommes de l'A-
frique et les parfums de l'Arabie.

Dans le même temps où le chant des coqs
de l'Asie annonce minuit sur les côtes de l'O-
rient, le chant des coqs de l'Amérique annonce le point du jour sur les rivages de
l'Occident. L'Indien de la Corée se couche sur
ses ballots de coton, celui du Brésil se lève

pour tordre avec effort le tabac de ses plan-
tages ; et tandis que le Chinois patient dort
auprès de la corbeille où il a dépouillé pour
nous, feuille à feuille, le léger arbrisseau du
thé, des troupes d'enfans, au Mexique, ramas-
sent sur les opuntia la cochenille, de leurs
doigts teints de carmin, et les filles de Cara-
cas cueillent sur les bords des fleuves les
gousses du cacao, et sur les rochers voisins
les siliques parfumées de la vanille !

Il me serait facile, en suivant les nombreux
anneaux de cette chaîne, de montrer comment de simples relations botaniques peuvent
donner le tableau du monde : lorsque les
mœurs, les lois, la religion séparent les peuples et les irritent, il suffit d'une plante pour
les rapprocher. C'est en dispersant ses pro-
ductions sur la surface du globe, en donnant
une Cérès, une Flore, une Pomone à chaque
climat, que la nature a préparé l'union de
tous les hommes, par le double attrait du besoin et du plaisir. La France, placée vers le

milieu de la montagne, abritée de riantes
collines, couverte de pommiers, de mûriers,
d'oliviers et de vignes, jouit des travaux de
tous les peuples de l'Europe, mais à son tour
elle leur prodigue ses fruits, les invite à ses
vendanges et verse joyeusement ses vins dans
leurs coupes !

Ainsi l'homme est appelé, par ses besoins,
à toutes les jouissances, par sa faiblesse, à
l'union, et par son union, à l'Empire !

Dans ce système, mélange nouveau d'observations physiques et de vérités morales,
tout est nécessaire, tout est à sa place ; les
harmonies se développent, les saisons se donnent la main, et les peuples, divisés par leurs
passions, séparés par leurs mœurs, se trouvent appelés aux mêmes jouissances et viennent s'asseoir aux mêmes banquets. Ainsi l'auteur peint la nature et sait la faire aimer, car
il ne compose pas seulement ses tableaux des
descriptions les plus ravissantes, mais encore
des observations les plus utiles, ne voulant

pas ressembler à ces bergers qui, toujours occupés du plaisir, méprisent les plantes salutaires et n'assortissent leurs couronnes que des plus brillantes fleurs.

Sa confiance en Dieu l'avait éclairé sur les lois de la nature; son amour pour les hommes l'inspira dans l'étude des lois de la société. Il étendit ses idées à tous les peuples, et réunissant le monde physique et le monde moral par un seul principe, il chercha à reconnaître les effets de la Providence dans les institutions humaines, comme il les avait reconnus dans les œuvres du Créateur.

Plusieurs philosophes modernes, en se livrant à l'étude de l'homme et de la politique, ont recherché quelles étaient les institutions les plus propres à fonder le bonheur des sociétés. Imitateur de Xénophon et pensant, comme Plutarque, que la monarchie est le plus parfait des gouvernemens, l'auteur de Télémaque considéra chaque famille comme un peuple gouverné par un roi, chaque peuple comme une suite de familles gouvernées par un père, et le genre humain comme une suite de nations gouvernées par un Dieu. Remontant ainsi de la famille aux peuples, des peuples au genre humain et du genre humain au père de tous les hommes, il trouva l'origine de la royauté dans le ciel.

Laisser à la terre le modèle d'un grand roi, telle fut l'auguste mission de ce génie évangélique. C'est à la sagesse d'un seul qu'il rapporte le bonheur de tous. Il veut que les vertus descendent du roi au peuple, comme elles descendent du père à la famille, de Dieu au genre humain. Cette pensée occupa sa vie, dirigea ses études, inspira ses ouvrages; on la reconnaît dans ses Dialogues, dans l'Examen de conscience, dans les Lettres sur la religion : elle fait la base du Télémaque, livre que Montesquieu appelait si heureusement le livre divin de son siècle.

Plein d'amour pour les hommes, mais avec une ame moins tendre, une vertu moins éle-

vée, J.-J. Rousseau se fit le précepteur des
peuples, comme Fénélon l'était des rois. Il
savait que la réforme des choses ne conduit à
rien de bon, si elle n'est précédée de la réforme des mœurs : car ce n'est pas par des
institutions qu'on arrive à la liberté, mais par
la vertu. Cette pensée fit naître l'Émile, livre
véhément dont la société tout entière éprouva
l'influence, et dont peu de lecteurs devinèrent
le but. Pour faire une nation il faut avoir des
hommes, pour avoir des hommes il faut les
instruire enfans [1]. J.-J. Rousseau avait senti
que les utopies fondées sur la vertu ne sont
inapplicables que parce qu'elles supposent des
peuples parfaits disposés à les recevoir : il
songea donc à faire un peuple avant de lui
donner des lois. Ce fut le trait marquant de
son génie, et le véritable but, le but secret de
l'Émile. Et comment n'aurait-il pas rempli ce
but ? Comment n'aurait-il pas maîtrisé son

[1] Discours sur l'économie politique, OEuvres de Rousseau, tome VII, p. 297, édition de Poinçot.

siècle? Il offrait à la jeunesse les nobles images
des vertus antiques, aux femmes les tableaux
touchans de la famille et de la maternité; il
vivifiait les ames par l'attrait invincible des
sentimens naturels, il remuait les passions par
les idées sublimes de liberté. Ainsi, quoiqu'il
ne donnât que des préceptes individuels, il
s'adressait à la nation entière, il l'animait
d'une seule pensée, il la poussait en masse
vers de nouvelles institutions; il devenait le
père, l'instituteur de la génération naissante?
Platon n'avait fait qu'étendre à tout un peuple
les devoirs d'un homme, sa République est un
admirable traité d'éducation; J.-J. Rousseau
montra dans un seul homme le modèle idéal
de tout un peuple : son Émile est une magnifique introduction à tous ses traités de politique. Mais en inspirant l'enthousiasme, trop
souvent il oublie d'éclairer la raison; il ne
s'aperçoit pas que la destruction des préjugés
ouvre une vaste carrière à l'erreur; et là s'ar-
rête son triomphe, le plus beau sans doute,

mais aussi le plus dangereux qu'ait jamais
remporté le génie !

A la suite de Fénélon et de Rousseau se
présente Bernardin de Saint-Pierre. Moins
exclusif que ses modèles, il ne trace aucun
plan, ne rejette aucun système. L'homme appelé à vivre dans tous les climats, lui semble
né pour tous les gouvernemens; royaume ou
république, n'importe; son but n'est pas de
renverser les institutions, mais d'y faire ré-
gner la justice.

Persuadé de cette vérité que l'ignorance est
le partage des individus; l'erreur celui des
nations et la science véritable celui du genre
humain, il en tira cette conséquence, qu'il n'y
a de vérités morales que celles qui conviennent
aux intérêts non d'un homme, non d'un corps,
non d'un peuple, mais au bonheur du monde
entier. Principe admirable qui appartient à
l'Évangile et devant lequel s'évanouissent les
superstitions, les erreurs et les préjugés qui
se partagent l'univers. L'auteur en fit la base

de toutes les espèces de gouvernemens, c'est-à-dire le point de perfection vers lequel ils doivent tendre.

Tous nos maux, disait-il, viennent de notre faux savoir. La science véritable nous conduirait au bonheur, car elle comprend les convenances de la nature, et les observations du genre humain. Législateur, que veux-tu faire? des Grecs, des Romains, des Anglais : fais mieux encore, fais des hommes; tu prétends mesurer tes institutions sur les intérêts politiques qui isolent les gouvernemens, et moi je te propose de les fonder sur les vertus morales qui unissent les nations.

L'histoire de tous les siècles appuie ces principes. Le genre humain est solidaire : une injustice commise à Londres ou à Moscow peut ébranler le monde. Une doctrine ambitieuse soutenue à Rome peut renverser les rois et détrôner la religion. Voulez-vous savoir si une loi est morale, si elle est juste, ne consultez ni Athènes, ni Sparte, ni Rome, exa-

minez si elle blesse les lois de la nature : on ne
peut blesser ces lois sans outrager l'humanité,
et cet outrage porte avec lui sa peine. Ainsi
là où l'on renferme les femmes, il faut mu-
tiler les hommes, là où un prêtre se voue au
célibat, il faut qu'une femme se fasse religieuse; et cela devait être, car si l'on considère
le genre humain dans son ensemble, on voit
que les deux sexes y naissent en nombre égal.
Les lois de la nature ne sont donc que les lois
de la morale universelle : en vain nos législa-
teurs les renversent pour satisfaire leurs passions, le grand législateur des mondes les
rétablit pour satisfaire sa justice. Il attache à
leur infraction l'avilissement des individus et
le malheur des peuples.

C'est ainsi que Bernardin de Saint-Pierre
nous montre tous les hommes enchaînés par
les lois de la morale, comme il nous avait
montré tous les peuples unis par les biens naturels. Différent en cela de Montesquieu qui
attribue à l'influence du climat l'origine de

certaines lois injustes et bizarres, il fait ressortir la nécessité des bonnes lois de la contemplation du globe, et de la conscience du genre humain.

Ces principes sont vastes, ils sont utiles, ils sont vrais. L'auteur les reproduit sans cesse, c'est le lien de tous ses ouvrages, et cependant je ne serais pas étonné qu'ils parussent nouveaux à quelques-uns des lecteurs de Bernardin de Saint-Pierre. Il ne dépend pas d'un écrivain de se donner des lecteurs attentifs; ce qui dépend de lui, c'est de dire la vérité, sauf à la voir méconnue, ou à se voir persécuté. Ainsi ceux qui n'ont écouté que l'harmonie de son style, n'ont rien entendu; ceux qui n'ont vu en lui qu'un grand peintre n'ont rien vu; et ceux qui n'ont cherché dans les Études que les méthodes des savans, n'y ont rien trouvé. Une pensée supérieure domine tout; elle unit l'homme aux nations, les nations au monde, et le monde à Dieu.

Telles sont les pensées, les observations et

les découvertes de Bernardin de Saint-Pierre.
Le monde lui apparaît comme un paysage
immense qui a des milliers d'aspects diffé-
rens ; le physicien en observe les phénomènes
et les explique ; le botaniste y recueille des
plantes et les classe ; le chimiste y cherche les
élémens des corps et les combine , et le géo-
mètre leur applique des formules savantes
qui lui en révèlent les lois. Les uns du fond
de la vallée, les autres du sommet de la montagne , chacun suivant la place qu'il occupe
et à la portée de sa vue, observent un des points
de cet univers; mais l'auteur des Études en
embrasse l'ensemble et en dessine les propor-
tions. Ses pensées , comme des filles du ciel ,
parcourent le globe pour en saisir les harmonies; elles guident le voyageur dans ses courses
lointaines , et s'asseyant auprès du pilote mélancolique , elles lui montrent dans les mêmes
parages des courans attiédis et des courans
glacés qui ne sont point marqués sur ses cartes; elles lui découvrent les relations secrètes

de ces courans avec les aquilons du pôle ¹, les
vents réglés de la zône torride, l'ordre cons-
tant de nos saisons, et le cercle immense
des harmonies du globe !

Non, l'Étude de la Nature n'est point une
aride classification, une étude des genres,
des classes et des espèces ; c'est une hymne
sublime et religieuse : il faut être poëte pour
la chanter ; il faut être chrétien pour la comprendre.

Qu'on ne s'étonne donc pas si les savans
accoutumés à n'étudier que les méthodes,
ont accusé d'ignorance un homme qui n'étudiait que la nature, et qui l'étudiait en présence de Dieu. Les sciences réduites à elles-
mêmes sont semblables à ces chambrières du

¹ Des physiciens attachés à diverses expéditions viennent de mesurer, à l'aide du thermomètre, les différentes
températures des courans, et ils ont publié, comme des
observations nouvelles, les observations de Bernardin de
Saint-Pierre. D'autres physiciens ont fait l'application
de ses idées à la météorologie ; tel est le professeur Dittman,
en Allemagne.

palais d'Ithaque, qui trahissaient leur maîtresse et dépravaient leurs amans. Je veux
bien, disait en riant Bernardin de Saint-
Pierre, que les doctes et les savans courtisent
parmi ces chambrières celles qui leur agréent,
mais qu'ils ne trouvent pas mauvais si je m'en
tiens à la maîtresse.

Tandis qu'il se raillait ainsi des savans,
ceux-ci le prenaient en haine, et plaignant
la faiblesse d'esprit qui le faisait croire en
Dieu, ils cherchaient à l'accabler du poids de
leur supériorité. C'est un pauvre botaniste,
disait l'un, il ne connaît pas les méthodes, et
n'a jamais lu nos catalogues. C'est un niais en
politique, disait l'autre, il veut que le sou-
verain propose les lois, que deux chambres
les discutent, et que les ministres soient res-
ponsables. Mais ne voyez-vous pas que c'est
un révolutionnaire, reprenait un troisième,
il blâme l'esclavage des nègres, et dit que
les rois sont faits pour les peuples, et non
les peuples pour les rois. En vérité, disait un

quatrième, le bon homme n'en sait pas da-
vantage. Croirait-on qu'il demande une éducation nationale, comme si nous n'étions pas
le peuple le plus poli et le mieux élevé de
l'Europe ? Son ouvrage est plein d'idées du
même genre ; il vante le bonheur de la campagne, les délices de la solitude : c'est un
philosophe qui n'aime pas les villes et qui
hait les riches. Telles sont les phrases que les
ennemis de Bernardin de Saint-Pierre ne
cessent de répéter, afin de les apprendre aux
gens du monde qui les répètent à leur tour ;
car dans le monde où toutes les opinions sont
reçues d'autorité, on lit peu, on lit mal, et
l'on juge de tout.

Cependant comme les esprits éclairés per-
sistaient à voir dans les Études de la Nature
un grand écrivain, et que les nombreux lecteurs de Paul et Virginie confirmaient ce
jugement par leurs larmes , on imagina
d'affaiblir ce dernier hommage , en laissant
dire du bien du livre et en disant du mal de

l'auteur. Ne pouvant nier le talent, l'envie essaya de le dégrader. Bizarre destinée du génie ! pour détruire l'influence du philosophe, on l'accusait d'être un mauvais citoyen : pour détruire l'influence de l'observateur, on publiait qu'il n'était ni physicien, ni chimiste, ni botaniste ; les géomètres se moquaient de son ignorance, les politiques en faisaient un sot, les calomniateurs en firent un méchant.

Mais à ces tristes efforts de la haine, il suffit d'opposer les actions du sage, témoins irrécusables dans cette révolution qui soumit les hommes à de si terribles épreuves.

Lorsqu'il publia les Études, une fermentation générale agitait les esprits : tout tendait à se dissoudre. Les magistrats rêvaient la république, les prêtres se disaient citoyens de Rome, les philosophes citoyens du monde. Les uns demandaient l'indépendance, les autres réclamaient l'égalité : tous aspiraient aux mêmes désordres, depuis la noblesse, indignée de ne pouvoir monter plus haut, jusqu'à la bourgeoisie, humiliée de se voir placée si bas. Leurs cris réveillèrent la populace engourdie par la misère, et les passions déchaînées, la haine, la vengeance, les cupidités, les vanités, inondèrent la France de sang par le fer des bourreaux, et toute la terre par celui des soldats.

C'est alors que la fortune amena successivement aux pieds de Bernardin de Saint-Pierre les ambitieux qui voulaient dominer la France. Ils s'approchent de lui, et viennent dans sa pauvre retraite fléchir le genou devant cette plume divine qui, selon eux, avait écrit le roman de la nature, et dont ils imploraient le secours pour embellir celui de leur politique. Ils se disaient ses disciples, et cependant aucun n'avait reconnu en lui un ami de Dieu et des hommes, un philosophe rigide exercé à la vertu par le travail, l'injustice et la pauvreté. Tous oublièrent le sage et se prosternèrent devant l'écrivain. Servez-nous, lui disaient-ils, donnez à nos idées le

charme de vos talens , et nous vous por-
terons à la fortune, et nous vous donnerons la
gloire. Il les refusa, et fut calomnié.

Il avait résisté aux offres de M. Necker,
on l'accusa d'apathie et de paresse ; il avait
résisté aux offres de l'archevêque d'Aix , on
l'accusa d'indifférence et de pusillanimité.
Ce dernier lui proposait une pension du
clergé , mais il fallait la solliciter, c'est-à-
dire qu'il fallait se déclarer le champion de
l'Église, et de généreux défenseur de la religion , descendre au rôle de salarié de ses
ministres. Il repoussa un engagement , il eût
accepté une récompense. L'abbé Fauchet
vint à son tour , et lui offrit sa fortune et
la main de sa nièce. Prédicateur du Roi,
il voulait embellir ses sermons de l'éloquence
de l'auteur des Études. Plaire à Louis XVI
c'était obtenir la pourpre. M. de Saint-Pierre
dissipa , en se retirant , les illusions de cet
ambitieux , et l'abbé Fauchet ne pouvant devenir cardinal , se fit le missionnaire de la

liberté et le prédicateur de la république.
Peu de temps après, le faubourg Saint-Victor
voulut porter l'auteur des Études à l'Assemblée
constituante. Des hommes qui se disaient envoyés du peuple l'engagèrent à se déclarer
contre la noblesse et le clergé. Il répondit en
refusant son élection. Enfin madame de Genlis
chercha à l'introduire dans le parti d'Orléans;
cajoleries, petits soins, billets doux, préve-
nances, tout fut employé pour faire sa con-
quête : jamais la muse fantasque ne déploya
tant d'adresse et de charme ; jamais elle ne
fit jouer des ressorts si souples et si puissans ;
il y fut pris, et reçut une pension du Prince.
Mais un jour, à l'occasion d'une insinua-
tion qu'il n'avait pas comprise, M. de Genlis
lui dit en riant qu'il était le plus grand sot
du monde, et que les princes ne donnaient
rien pour rien. M. de Saint-Pierre fut si vivement frappé de ce discours, que dès le lendemain il renvoya le brevet du duc d'Orléans.
Madame de Genlis se rappellera, je l'espère,

ces circonstances , et combien je serais heureux, si les lignes que je viens de tracer pouvaient réveiller ses souvenirs et l'engager à
peindre cette époque de sa vie qu'elle a si
modestement oubliée dans ses Mémoires.

Telle fut, dans les premiers temps de la révolution, la conduite de Bernardin de Saint-
Pierre : plus tard, obligé de réclamer, *pour
vivre*, le prix de ses anciens services , il vit
successivement venir à lui tous les chefs san-
glans de la république. Il repoussa Brissot et
recula d'épouvante devant Robespierre qui
lui fit dire, qu'il n'y avait pas de fortune où il
ne pût prétendre s'il voulait représenter sa
conduite comme le résultat d'une mesure phi-
losophique. Mon refus d'écrire en sa faveur,
disait M. de Saint-Pierre , pouvait être suivi
de ma mort, mais j'étais résolu de mourir
plutôt que de manquer à ma conscience et à
l'humanité [1].

[1] Voyez les Mémoires sur la Vie de Bernardin de
Saint-Pierre.

Voilà les faits. Les contemporains sont là ,
et j'invoque leur témoignage ; qu'ils disent si ,
au milieu de notre révolution , ils ont vu un
dévouement plus sublime à la cause de Dieu
et de l'humanité ! qu'ils disent si le sage a
manqué de force contre les séductions de la
fortune, et s'il a été faible contre les menaces
des bourreaux ! Ainsi la France , comme autrefois la Grèce, vit un homme , ferme sous
le bouclier de sa conscience, servir sa famille
en lui sacrifiant son repos, servir sa patrie en
rendant hommage à la vérité , servir le genre
humain en se montrant prêt à mourir pour
elle !

Je n'ai donc point à le justifier, si les mêmes
hommes qui étaient venus lui demander sa
plume pour M. Necker, pour le duc d'Orléans,
pour la Convention , pour Robespierre, s'em-
pressèrent ensuite de répandre sur lui le venin
de la calomnie. Ils lui auraient bien pardonné
sa vertu ; ils ne pouvaient lui pardonner leur
bassesse.

Mais revenons un moment sur nos pas, et
voyons quelle était la fortune de cet homme
qui savait souffrir l'injustice, et qui ne crai-
gnait pas la puissance. En 1792, il possédait
trois mille francs de rente, terme de son ambition. Alors il se crut riche, et se proposa de
tracer le plan des Harmonies, et surtout de
terminer l'Arcadie dont il avait publié le
premier livre. A ses projets de travail, se joi-
gnirent bientôt des projets de bonheur per-
sonnel. Après tant de maux, le sentiment lui
en était doux comme celui d'une convales-
cence. Il entrevoyait dans le lointain une retraite champêtre, une jeune épouse, une heureuse famille. Comme il n'était plus jeune, il
attendit, pour ainsi dire, le cœur qui devait
s'offrir au sien. Depuis long-temps mademoi-
selle Didot s'était fait une douce habitude de
le voir : elle admirait son génie, elle aimait sa
vertu, elle ne craignit pas de lui en faire l'a-
veu, et lorsqu'il fut intendant du Jardin du
Roi, les parens de cette jeune personne le

pressèrent d'accepter sa main qu'elle lui avait
offerte. C'est ainsi qu'il trouva, dans la fille de
son imprimeur, une femme qui joignait à un
bon cœur, une figure aimable, des habitudes
vertueuses et de l'esprit naturel.

Toutes les choses de ce monde ont leurs
déceptions. Le plus heureux mariage a les
siennes. Les grossesses, les langueurs, la
perte des enfans, les désespoirs qui suivent
ces pertes, et tant de maux qu'aucune sagesse
humaine ne saurait prévenir, allaient éprou-
ver la constance de M. de Saint-Pierre, et trou-
bler un bonheur dont il s'était fait de si douces
images. La place d'intendant du Jardin du
Roi ayant été supprimée, il se trouva sans revenu, et la révolution qui lui avait tout en-
levé, ne lui laissait pas même la ressource de
vendre ses ouvrages. Bientôt la mort de son
beau-père vint accroître sa détresse. Le plus
riche héritage se trouva disputé à la fois par
des cohéritiers avides et par des nuées de créanciers. M. de Saint-Pierre, qui n'avait pas une

dette personnelle, vit tout-à-coup sa petite maison d'Essonne chargée de deux cent quatre-
vingt mille francs d'inscriptions. Chaque jour de
nouvelles assignations portaient le trouble dans
ses études et la ruine dans sa maison. Pour comble de douleur, sa jeune femme, épuisée par
une maladie de poitrine, se mourait à ses yeux.
Faible, mais aimante, elle pleurait sur son
propre destin et sur l'abandon où allaient se
trouver les tendres objets de son amour. Les
divisions de sa famille l'avaient profondément
blessée. Elle voyait ses enfans dépouillés, son
mari calomnié, ruiné, et s'accusait de tous leurs
maux. Eh quoi! disait-elle avec désespoir, en
serrant ses enfans dans ses bras, eh quoi! chers
nourrissons, il faudra donc vous voir arracher
à la fois le patrimoine de votre père par des
lois barbares, et celui de votre mère par des
hommes injustes et cupides! A ces pensées sa
tête s'égarait; elle maudissait tout ce qu'on
doit aimer, la vie, la patrie, la famille. Vainement M. de Saint-Pierre l'environnait des

secours de l'art, et des soins du plus tendre
amour, il ne pouvait ni calmer la fièvre qui la
dévorait, ni faire entrer la résignation dans
son cœur. Souvent même elle repoussait son
mari, éloignait ses enfans et tombait dans les
accès de la plus noire mélancolie; car dans
l'affaiblissement de ses facultés, voyant de
toutes parts le triomphe des méchans, elle
venait à douter s'il y avait une Providence.
Hélas ! en aggravant ainsi les peines du meilleur des hommes, elle était loin d'imaginer
qu'elle préparait des armes à la calomnie, et
qu'un jour viendrait où M. de Saint-Pierre
se verrait accusé d'avoir fait le malheur
de sa femme par ceux même qui la ré-
duisaient au désespoir. Ainsi procèdent les
méchans : ce n'est point assez pour eux de
commettre le crime, il faut encore qu'ils en
accusent la vertu !

Au milieu de ces tristes circonstances,
M. de Saint-Pierre vit un jour entrer dans
son cabinet un jeune officier dont la physio-

*h**

nomie le frappa. Il croyait se rappeler ses
traits, mais d'une manière confuse. Le jeune
homme se hâta de lui dire qu'à peine adoles-
cent, il avait osé lui écrire à l'occasion de
Paul et Virginie; puis il ajouta : Je viens réclamer aujourd'hui l'amitié que vous me pro-
mîtes alors dans une réponse que je conserve précieusement. M. de Saint-Pierre le
pria de s'asseoir, et lui demanda son nom. Je
m'appelle Louis, reprit l'officier; je suis le
frère et l'aide-de-camp du général Buonaparte '. Nous arrivons d'Italie, et je viens
remercier l'auteur des Études des heureux
momens que je dois à la lecture de son
livre : nous le lisions souvent; il reposait sous
le chevet du général en chef comme Homère
sous celui d'Alexandre ! Cette comparaison
flatteuse fit sourire M. de Saint-Pierre; mais
comme si elle n'eût réveillé que son admira-

' Voyez, à la suite des Mémoires sur la vie et les ouvrages de Bernardin de Saint-Pierre, la lettre singulière
de Louis Buonaparte.

tion pour Homère, il répondit : Homère est,
à mon gré, le plus grand peintre de l'homme
et de la nature. — Oui, et je n'ai point oublié le passage des Études où vous faites son
éloge; car vous aussi, vous êtes un grand
peintre de la nature ! — J'ai tracé, reprit doucement Bernardin de Saint-Pierre, quelques
faibles aperçus de ses plans sur la terre; mais
parlons de vos campagnes d'Italie. — La guerre
est un sujet bien triste pour un ami des hommes, dit le jeune officier. — J'y prends part
comme Français, reprit M. de Saint-Pierre ;
d'ailleurs, j'ai habité les camps et vu la mort
de près sur les champs de bataille. Il est vrai
que depuis ce temps, j'ai beaucoup philoso-
phé; mais, comme dit Montaigne, philosopher,
c'est encore apprendre à mourir. A la suite de
ces préliminaires, la conversation s'engagea
d'une manière plus vive; après quoi Louis
Buonaparte, avec une brusque effusion de
cœur, demanda à M. de Saint-Pierre la permission de le revoir ; permission dont il pro-

fita dès le lendemain. Dès-lors ses visites se
succédèrent sans interruption. Souvent ils allaient ensemble aux Tuileries. Là , dans une
allée solitaire , ils aimaient à s'entretenir de
leurs peines. M. de Saint-Pierre , au déclin de
la vie , voyait mourir sa jeune femme , et gé-
missait sur lui-même et sur ses enfans. Louis
Buonaparte , à la fleur de l'âge, mais sombre,
mécontent, malade, fatigué de la guerre,
dégoûté du monde, se plaignait avec amertume des exigences de son frère, de la ru-
desse du service et de l'aridité des mathéma-
tiques. M. de Saint-Pierre écoutait doucement
ses plaintes, et lui conseillait de mêler à de si
pénibles travaux l'étude de la philosophie.
C'est la vraie science de l'homme, lui disait-il ;
elle le rend propre à toutes choses : par elle,
Épictète était heureux dans les fers, et Marc-
Aurèle sur le trône. Que vous soyez appelé à
prendre part aux affaires publiques, elle vous
fera goûter le plus grand des biens, celui
d'être utile aux autres, en vous sacrifiant

vous-même; que vous conserviez l'indépendance, elle mettra dans votre cœur la modération, qui est le vrai trésor du sage. Sans elle, les richesses ne sont rien; avec elle, la pauvreté est heureuse !

Ces entretiens philosophiques furent le seul résultat du rapprochement de Louis Buonaparte et de Bernardin de Saint – Pierre. Ces deux hommes eurent cela de remarquable, au milieu de leur siècle, que le plus jeune, élevé malgré lui sur un trône, en redescendit avec joie pour rentrer dans la vie privée, tandis que l'autre, préférant les douceurs de la sagesse aux jouissances de la fortune, s'endormit du sommeil du juste, après avoir méprisé l'ambition et vu passer à ses pieds tous les ambitieux.

Oh! c'est un ravissant spectacle que celui de l'homme de bien luttant contre les préjugés, la haine, la calomnie, et marchant d'un pas toujours égal dans l'étroit sentier de la vertu ! Que peuvent contre lui les injures de la for-

tune ? La misère le fortifie, les persécutions
l'élèvent ; il leur oppose l'éclat du génie et la
puissance d'un noble caractère ! Couvert de
ces armes divines, seul contre tous, ô mon
maître ! tu échappas miraculeusement à la
protection des philosophes, à la hache des
bonnets rouges et aux chaînes dorées de Buonaparte !

Avec quelle joie je trace ces lignes pour la
génération présente, pour cette génération
qu'on veut nourrir de haine et qui bientôt
n'osera plus croire à la vertu ! Puisse-t-elle en
me lisant, je ne dis pas adopter mon témoignage, mais le soumettre au plus sévère examen ! Louis Buonaparte est plein de vie, et
sans doute les imputations de M. de Las-Cases
ne lui sont pas restées inconnues : j'en appelle
à la rougeur qui a dû couvrir son front, s'il
a lu ces lignes infâmes dont j'ai publiquement
dénoncé l'imposture ! Il n'aura point oublié
que lorsqu'entraîné par un noble instinct, il
recherchait l'amitié de Bernardin de Saint-

Pierre, l'officier n'avait rien à donner et pouvait beaucoup recevoir, je ne parle pas d'argent, tous deux alors en étaient également dépourvus ; qu'il dise enfin si jamais l'auteur de Paul et Virginie, inspiré par une ambition tardive, est allé rappeler au roi de Hollande l'amitié que lui avait promise l'aide-de-camp du général Buonaparte !

Un matin Louis entra dans le cabinet de M. de Saint - Pierre, sa physionomie était soucieuse : Je ne voulais pas vous importuner, lui dit–il, mais ils l'ont exigé ; et prenant ses mains de l'air le plus caressant : Voici un ouvrage dont l'auteur est de mes amis, dites–moi franchement si vous le trouvez digne de l'impression. En parlant ainsi, il posa sur la table un rouleau de papier. M. de Saint-Pierre eût bien voulu se dispenser d'un pareil examen, mais les instances de Louis furent si pressantes, qu'il fallut se rendre ; il promit même quelques notes, et dès le lendemain il se mit à l'ouvrage. La crainte d'avoir à juger

un livre de politique s'évanouit à l'ouverture
du manuscrit : c'était un petit roman pasto-
ral, dans lequel, à sa grande surprise, il re-
marqua un tableau des malheurs de la guerre
suivi d'une énergique apostrophe contre les
ambitieux et les conquérans.

Cette lecture achevée, il attendit plusieurs
jours Louis Buonaparte qui ne revint plus.

Trois mois s'étaient écoulés depuis sa dernière visite, lorsqu'un autre officier se présenta chez M. de Saint-Pierre ; celui-ci res-
semblait à la fois à Louis et à Napoléon.
Comme eux il portait un modeste uniforme ;
il avait leur parler bref, leurs manières simples et brusques; même air, même taille, même
son de voix, seulement quelque chose de plus
gracieux, de plus ouvert adoucissait sa physionomie : c'était Joseph, l'aîné des Buonaparte.
Vous voyez le frère d'un de vos plus zélés admirateurs, dit-il à M. de Saint-Pierre, et je
viens vous remercier des soins que vous avez
bien voulu donner à un ouvrage dont je suis

l'auteur. — Vous parlez sans doute du roman de *Moïna*, reprit M. de Saint-Pierre : l'agréable ouvrage ! et combien j'en aime les généreux sentimens ! — Oui, dit Joseph, des sentimens inspirés par la lecture de Paul et Virginie, mais il manque à tout cela le talent de l'écrivain : aussi le général a-t-il voulu que je vous visse, car il craint de passer à vos yeux pour l'auteur d'une aussi faible production. Après quelques complimens de part et d'autre, M. de Saint-Pierre rendit le manuscrit et Joseph se retira.

Napoléon vint à son tour : ce n'était pas la première avance que le guerrier faisait au philosophe. Dans le cours des campagnes d'Italie, ce héros, dont la gloire était alors toute nationale, lui avait écrit une lettre charmante. « Votre plume est un pinceau, lui » disait-il, tout ce que vous peignez on le » voit; vos ouvrages nous charment et nous » consolent; vous serez à Paris un des hommes » que je verrai le plus souvent et avec le plus

» de plaisir. » Cette prévenance d'un illustre
guerrier, l'éclat de ses victoires, l'amitié de
Louis, la visite de Joseph, tout avait favora-
blement disposé M. de Saint-Pierre, et cependant Buonaparte fut frappé de sa tristesse et
peut-être de la froideur de son accueil; c'est
qu'à cette époque les malheurs du père de
famille étaient à leur comble : toutes ses ressources, comme nous l'avons déjà dit, se
trouvaient épuisées, les huissiers assiégeaient
sa porte, il voyait sa femme mourante, et
depuis dix-huit mois, il n'était payé ni de
sa gratification d'homme de lettres ni de son
traitement de l'Institut. Buonaparte venait
d'être élu par la classe des sciences : il parla
beaucoup de ses projets de travail et de retraite ; il dit qu'il voulait acheter une petite
maison de campagne aux environs de Paris,
et qu'il ne viendrait à la ville que pour assister
aux séances de l'Institut. M. de Saint-Pierre
applaudit naïvement à ce projet qui lui semble tout naturel; l'idée lui vient même de pro-

poser sa petite maison d'Essonne au vainqueur
de l'Italie qui sourit d'un air un peu embar-
rassé, et murmure tout bas quelques mots de
train, d'équipage et de repos de chasse. M. de
Saint – Pierre comprit aussitôt que ce jeune
homme aux cheveux plats, au teint jaune, au
maintien sévère, était toute autre chose qu'un
Cincinnatus; dès-lors, il fut en méfiance, car
il se dit : Cet homme est un ambitieux, il ne
me flatte que pour s'emparer de ma volonté ;
et cette réflexion le refroidit encore. Cependant Buonaparte prolongea sa visite, et finit
par engager M. de Saint-Pierre à dîner, mais
comme celui-ci s'excusait sur la santé de sa
femme : C'est un dîner d'amis, reprit Buonaparte, nous aurons Ducis, Collin d'Harleville,
Lemercier, Arnault, etc. M. de Saint-Pierre
persista dans son refus, et le général donnant
un autre tour à la conversation, parla du
désordre des finances, du retard des paie-
mens, lui demanda assez brusquement si ces
retards le gênaient, après quoi il se leva et sortit.

Deux jours après, Buonaparte revint; il fut reçu par madame de Saint-Pierre qui se trouvait seule à la maison. Voilà, dit-il, en posant un sac d'argent sur la cheminée, une petite somme que je viens de toucher pour vous à l'Institut; ayant obtenu l'ordonnance du ministre, j'ai voulu la faire exécuter moi-même; à l'avenir nous n'éprouverons plus de retard! Puis il ajouta en se retirant : Il faut que M. de Saint-Pierre signe le registre à la première séance. (Les personnes qui ont lu M. de Las-Cases, reconnaîtront ici les faits sur lesquels il a établi ses assertions calomnieuses; heureusement Louis et Joseph Buonaparte vivent encore, ils diront quel est l'historien fidèle de M. de Las-Cases ou de moi.)

Touché d'une démarche aussi bienveillante, M. de Saint-Pierre crut devoir saisir cette occasion d'offrir au général un exemplaire des Études, et dès le lendemain il se présenta à son hôtel. Buonaparte demeurait alors rue de la Victoire : le portier, en voyant passer M. de

Saint-Pierre avec un paquet de livres, lui dit
qu'il était défendu de rien offrir au général,
et pour ne lui laisser aucun doute à cet égard,
il lui montra de magnifiques vases d'or et
d'argent étalés dans sa loge : c'était un présent des fournisseurs de l'armée ; le général
n'avait pas même permis qu'on le déposât
dans son antichambre. Cependant M. de Saint-
Pierre insista, et tout en lui promettant le
même sort qu'aux fournisseurs, on le laissa
passer. La pièce qui précédait le cabinet du
général, était pleine d'étrangers de distinction
parmi lesquels se trouvait un corps diploma-
tique; M. de Saint-Pierre traversa la foule,
dit son nom et fut introduit. Buonaparte reçut
ses remerciemens avec modestie, et son livre
de la meilleure grâce du monde. Voyez, lui
dit-il, en tirant de sa bibliothèque un exemplaire tout usé du même ouvrage, comme
votre présent vient à propos ; vraiment ce
jour est heureux pour moi ! Il prononça ces
mots de l'air le plus aimable, en étalant sur

la table quelques médailles récemment frap-
pées sur les campagnes d'Italie; prenant ensuite une de ces médailles, il l'offrit à M. de
Saint-Pierre et le pria de la conserver comme
un souvenir de sa première visite. M. de Saint-
Pierre voulait se retirer, Buonaparte le retint :
Mais, dit M. de Saint-Pierre, des étrangers
attendent à votre porte.—Eh bien! ils attendent, dit Buonaparte d'un ton rude, c'est leur
vie; et avec un sourire méprisant : Ce sont les misérables agens de cette politique moderne qui
ne sait que tromper, mentir, finasser sans jamais
arriver au but. Il parlait ainsi, et sa main di-
rigeait machinalement un petit canon sur une
table à la Tronchin.—Général, dit M. de Saint-
Pierre, en posant le doigt sur le canon, voici
un joujou qui, entre les mains d'un héros,
arrange plus d'affaires en un jour que tous
les cabinets de l'Europe en dix ans. Buonaparte leva un front pâle et soucieux, mais sa
bouche était souriante et son regard péné-
trant; il le fixa sur M. de Saint-Pierre comme

pour lire dans sa pensée ; et se voyant observé
par un homme qui savait lire aussi dans le
secret des cœurs, il détourna les yeux et son
sourire s'évanouit. En échangeant ce regard,
ces deux hommes comprirent qu'ils n'étaient
pas faits pour s'entendre : l'ambitieux et le
sage s'étaient jugés !

Peu de temps après, M. de Saint-Pierre alla
dîner chez Buonaparte qui avait renouvelé
son invitation. Tout alors était modeste et
sans faste, chez celui qui devait bientôt sub-
juguer l'Europe et habiter le palais de nos
rois. Sa table était frugale, mais une femme
pleine de grâce en faisait les honneurs, lui-
même cherchait à plaire ; il avait des éloges
pour tous les talens, et chaque trait de sa
louange renfermait une pensée ! L'auteur d'A-
gamemnon, le père d'Othello, le peintre de
Marius, les grâces modestes de Collin d'Harleville, les inspirations touchantes de Paul et
Virginie recueillirent tour à tour les plus flat-
teuses paroles. On parla ensuite des campa-

gnes d'Italie ; Buonaparte raconta ses actions
les plus glorieuses avec une énergique conci-
sion, mais froidement, comme s'il eût entre-
tenu ses auditeurs des actions les plus com-
munes : en prodiguant la louange, il y paraissait insensible ; cependant quelques traits
heureux épanouirent son visage. On avait pris
le café ; madame Buonaparte, s'approchant de
son mari, lui frappa doucement sur l'épaule,
en le priant de conduire ses convives dans le
salon : Messieurs, dit Buonaparte, je vous
prends à témoin, ma femme me bat. — Tout
le monde sait, reprit vivement Collin d'Harleville, qu'elle seule a ce privilége. Ce mot eut
les honneurs de la soirée et fut fort applaudi.
Rentré dans le salon, Buonaparte resta de-
bout ; la conversation continuait sur les campagnes d'Italie, on se pressait autour de lui,
et il s'abandonnait à toute sa verve. Il rapporta plusieurs traits de cette valeur brillante
qui n'appartient qu'aux Français ; il dit les actions d'éclat, les nobles dévouemens dont il

avait été témoin ; mais ce qui frappa surtout M. de Saint-Pierre, ce fut l'histoire pitoyable d'un chien resté sur le champ de bataille, auprès d'un soldat dont la tête était emportée. En nous voyant passer, dit Buonaparte, cet animal jetait dabord des cris de détresse, mais ayant reconnu que nous étions Français, il sembla par ses gémissemens nous appeler au secours de son maître. Je parcourais le champ de bataille en comptant nos morts et ceux des ennemis, comme un joueur qui veut connaître sa perte, compte ses pions et ceux de son adversaire, mais les cris et l'action de ce pauvre animal me remuèrent malgré moi ; j'interrompis ma reconnaissance, et, plein de tristesse, je rentrai dans ma tente où cette impression me poursuivit long-temps.

Après quelques récits semblables, Buonaparte parla de son goût pour la retraite, du dessein qu'il avait de vivre à la campagne, et tout-à-coup, s'animant contre les journalistes qui osaient l'accuser d'ambition, il s'indigna de

leur servilité et de leurs mensonges ; rappela
plusieurs traits amers de satire dirigés contre
la personne ou les écrits de ceux mêmes qui
l'écoutaient, et finit par engager tous ses amis
à se réunir à lui pour rédiger une feuille consacrée à la vérité et qui formerait l'opinion
publique. L'adresse du héros ne réussit pas ;
et soit que sa proposition eût effrayé la paresse de ses auditeurs, soit qu'elle eût éveillé
quelques soupçons de ses projets, les uns s'ex-
cusèrent sur le mépris qu'inspiraient de si misérables adversaires ; les autres soutinrent, à
l'exemple de Boileau, que la critique, même
injuste, double les forces du génie. Mais un
incident imprévu décida la question ; un poëte
doué d'une voix sonore et d'une haute stature,
apostrophant Buonaparte, lui dit : Général,
vous nous appelez à un pouvoir qui ne souffre
point de maître ! si nous devenions journalistes, vous nous redouteriez, vous nous écra-
seriez. S'il faut en croire l'événement, cette
prévision ne déplut pas à Buonaparte; elle lui

apprit au moins le danger de ce qu'il souhai-
tait. Et qui pourrait dire ce que serait deve-
nue la fortune de cet homme extraordinaire,
si les Ducis, les Arnault, les Lemercier, les
Collin d'Harleville, les Bernardin de Saint-
Pierre, se rendant maîtres de l'opinion publique, l'avaient dirigée dans l'intérêt de la patrie
et de la vertu! Buonaparte ne songeait qu'à
l'intérêt de sa gloire; il devint rêveur, distrait,
ne prit plus aucune part à la conversation, et
ses convives comprirent qu'il était temps de
se retirer.

En confiant à Buonaparte le commandement
de l'armée d'Italie, le Directoire n'avait pas
prétendu donner un héros à la France; son
but était de flatter Barras, et d'offrir un mari
à madame de Beauharnais. Ces rois de notre
république s'émerveillèrent d'abord des grands
succès de leur petit général; ils allèrent même
jusqu'à se parer de sa gloire, mais lorsqu'ils
s'aperçurent qu'il grandissait à chaque bataille et que le nain devenait un géant, ils

craignirent d'avoir découvert un grand homme, et furent épouvantés de leur ouvrage.
Pour .échapper à la peur, ils imaginèrent l'expédition d'Égypte : les insensés croyaient dis-
siper le péril en l'éloignant! ils ne voyaient
pas que prêter à un héros la distance, le
temps, la gloire et nos soldats, c'était armer
le bras qui devait les détruire.

A peine la France entrevit–elle un grand
homme à son horizon, qu'elle rougit des maîtres que ses crimes lui avaient donnés. Ses
vœux rappelaient le vainqueur d'Arcole et de
Lodi, et déjà les manœuvres secrètes d'un
frère habile préparaient son retour. Il revint,
et saisit, dit-on, d'une main avide, mais trem-
blante, la puissance dont la soif le dévorait.
Qu'elle était belle alors, cette puissance qui
rétablissait un grand peuple! il effaçait nos
douleurs en abaissant nos ennemis! il effaçait
nos crimes en les couvrant de sa gloire! Sous
le titre de premier consul, Buonaparte régnait.
Bernardin de Saint-Pierre put espérer alors

qu'il serait appelé au Sénat. La bienveillance
publique le désignait, et son nom se trouvait
sur toutes les listes des notables. Le premier
consul l'en effaça; il fit plus : piqué sans doute
de ne pas le voir dans la foule de ses courti-
sans, il lui suscita des persécutions à l'Institut.
Puis dans le seul dessein de l'amener à lui, il
fit courir le bruit que toutes les gratifications
des gens de lettres allaient être supprimées.
Poussé dans ses derniers retranchemens,
M. de Saint-Pierre n'amena pas son pavillon,
mais il entra en pourparler. Il adressa à
M. Arnault (qui vivait alors dans la familiarité
de Buonaparte) une lettre évidemment écrite
pour le premier consul. Cette lettre est un
modèle de naïveté, de finesse et de force.
Bernardin de Saint-Pierre y fait d'abord l'a-
pologie de Ducis qui venait de refuser la place
de sénateur. Il s'excuse lui-même avec délicatesse, de n'avoir rien sollicité, et pour toute
grâce il demande qu'on lui laisse sa gratification : c'est ce qu'il appelle *la portion de moine*

à laquelle on le réduit, et dont il se contente.
Très-bien, mon ami, disait gaiement Ducis à
cette occasion : vous traitez Buonaparte comme
Diogène traitait Alexandre ! vous ne lui de-
mandez rien, mais vous lui dites : *Retire toi de
mon soleil.* Cependant Buonaparte, instruit de
cette démarche indirecte, crut devoir saisir
l'occasion de jouer une place de sénateur contre la plume de Bernardin de Saint-Pierre. Ce
n'était pas trop risquer sans doute : aussi ce
dernier trouva-t-il bon de refuser la partie.
J'ai déjà publié cette anecdote, et cependant
j'en redirai les détails : il est des choses
qui ne sont point encore assez dites, quand on
ne les a dites que deux fois.

Peu de temps après la lettre à M. Arnault,
M. de Saint-Pierre reçut la visite d'un jeune
publiciste qui lui proposa, de la part de Buonaparte, d'écrire les campagnes d'Italie. Tous les
papiers sont à votre disposition, lui dit-il, et
ce travail vous ouvre les portes du Sénat. Buonaparte vous aime, mais il ne peut rien, si

vous ne lui rendez un hommage public, car il
doit beaucoup à vos ennemis [1]. M. de Saint-
Pierre rejeta ces offres, et les persécutions
sourdes recommencèrent [2]. Son refus se fit
sans ostentation, sans éclat, sans bruit. Il sa-
crifiait sa fortune pour remplir un devoir et
non pour s'attirer des applaudissemens; mais
comme ses ressources diminuaient chaque
jour, il résolut, dans l'intérêt de ses enfans, de
tenter une entreprise qui ne coûtât rien à sa
conscience. C'est alors qu'il imagina de publier une magnifique édition de Paul et Virginie, et d'échapper aux contrefacteurs par le
luxe de l'impression et des gravures. L'idée
était heureuse, mais il fallait de l'argent.

[1] Ces ennemis c'étaient les savans qui avaient porté
Buonaparte au pouvoir, et qui professaient un grand mépris pour les lettres et pour la religion. Buonaparte les
écoutait, mais il ne les croyait pas.

[2] On le renvoya du Louvre avec une indemnité de
600 francs, tandis que celle de tous ses confrères fut de
1200 francs. On réduisit ensuite sa gratification, qui était
de 3,000 francs, à 2,400 francs. Enfin on le menaça de
la suppression entière de cette gratification.

M. de Saint-Pierre crut résoudre le problème,
en offrant son ouvrage par souscription. Dans
sa candeur naïve, il se dit : Adressons-nous au
public : pour le servir j'ai négligé ma fortune ;
c'est de lui que je dois recevoir ma récompense. Tu croyais, ame généreuse, éveiller la
justice de tes contemporains! tu en appelais à
cette bienveillance nationale qui est le plus
doux prix de la vertu, et le traité que tu pro-
posais à tes lecteurs était comme un lien sa-
cré qui devait les unir à toi. Mais cette
pensée ne fut pas même comprise, et cin-
quante-cinq souscripteurs seulement répon-
dirent à ce noble appel [1]. Je le dis en rougis-
sant, j'ai entendu ses prétendus amis, calomnier sa vie pour ne pas souscrire à son livre ;

[1] On voit avec plaisir, sur cette courte liste, les noms
de quelques anciens amis de l'auteur. Gauthey, Lamendé,
Roland, ses vieux camarades aux ponts et chaussées ;
et vous aussi pauvre Ducis, Dinge, Toscan, Arnault,
Laya, Patris de Breuil, vous lui rendîtes cet hommage! Une grande reine désirait souscrire ; son ambassadeur, le marquis de L...., crut devoir refuser l'a-

j'ai vu de stupides admirateurs de ses belles
phrases, assurer qu'il prostituait son talent
parce qu'il osait se plaindre au public des vols
des contrefacteurs; j'ai vu des femmes spiri-
tuelles et sensibles, le blâmer d'avoir refusé
une place qui aurait assuré le sort de ses en-
enfans. Dans leur exquise délicatesse, elles
croyaient rougir des inconvenances d'un grand
homme, et rougissaient de ses vertus. Dira-t-
on que j'exagère ces ridicules opinions? qu'on
ne m'en croie pas, j'y consens. Mais qu'on
observe ce qui se passe à l'occasion du plus
illustre disciple de ce grand maître; lui aussi
méconnu, repoussé par le pouvoir, se voit
obligé de publier ses ouvrages pour acquérir
une modeste indépendance. Croit-on que la
noble et douce pensée, de rendre un pur hom-

---

vance des 36 fr., qui était une des conditions du marché,
et le nom de la reine fut effacé de la liste des souscripteurs.
C'est ainsi que l'écrivain resta toute sa vie inflexible dans
sa dignité et dans sa justice. Pourquoi aurait-il fait à une
reine d'autres conditions que celles qu'il faisait au public?

mage à ce beau génie, se soit emparée de
toutes les ames? il n'en est rien. On calcule
froidement si son libraire fait une bonne ou
une mauvaise spéculation. Les temps sont
mauvais, le commerce ne va pas, l'ouvrage
est considérable.—Eh quoi! n'y a-t-il plus que
de petits intérêts ou des passions coupables
qui puissent nous remuer? n'éprouverons-
nous jamais la joie d'un noble enthousiasme?
C'est trop demander, dites-vous! — Eh bien,
cessez donc de juger ce que vous ne sauriez
comprendre!

L'édition de Paul et Virginie coûta 30,000 fr.,
et consomma la ruine de l'auteur. Cette édition
n'était point encore publiée, lorsqu'un homme
en crédit, M. Maret, sollicita son entrée à
l'Institut. Bernardin de Saint-Pierre, profitant
de cette circonstance, lui écrivit une lettre
dans laquelle il osait rappeler le premier consul à des sentimens de justice et de dignité.
Buonaparte lut cette lettre et n'y fut point insensible : huit jours après, ici les dates sont

précieuses, on lisait le nom de Joseph sur la liste des souscripteurs. Plus tard M. de Saint-Pierre fut invité, par l'entremise de M. Andrieux, à se rendre à Morfontaine; ils y allèrent ensemble dans une voiture à quatre chevaux qui leur fut envoyée. Après le dîner, Joseph Buonaparte, tirant M. de Saint-Pierre dans l'embrasure d'une fenêtre, lui proposa une habitation dans son parc et 6,000 francs de pension, avec un titre, ou sans titre, comme il le jugerait convenable. Un peu surpris de cette offre, M. de Saint-Pierre gardait le silence; mais Joseph se hâtant de le rassurer, lui dit : « Quoique j'aie toujours eu le désir de vous être utile, ce n'est pas mon argent que je vous offre, c'est celui du gouvernement; c'est une faible récompense de ce que la nation doit à vos longs services. » M. de Saint-Pierre comprit que Buonaparte consentait enfin à lui laisser son indépendance. Toutefois, entrevoyant encore quelque apparence de vasselage dans les propositions de Joseph, il lui dit :

« Lorsque l'infortuné Louis XVI me fit offrir par M. Terrier de Monciel, alors son ministre, la place d'intendant du Jardin du Roi, je pris trois jours pour me décider. Accordez-moi le même délai, car je ne puis rien accepter d'aucun homme, sans en avoir délibéré avec moi-même. » De retour à Paris, M. de Saint-Pierre eut un entretien avec Ducis, et après deux jours de réflexions, il écrivit à Joseph : « Je ne puis accepter ni place ni titre, mais je consens à vous être attaché par les liens de la reconnaissance. » O Joseph ! puisse la gloire d'avoir été l'appui d'un grand homme, vous consoler dans votre solitude ! puisse le souvenir d'un bienfait qui ne fit point un ingrat éloigner l'amertume de votre cœur ; jouissez, aux jours de l'infortune, d'une reconnaissance qui vous fut fidèle sur la terre, et qui dure encore dans le ciel !

Napoléon n'a fait que passer. Comme un torrent produit par l'orage, il a bouleversé, il a rajeuni le sein de la vieille Europe. Nos sol-

dats, poussés par son ambition et guidés par la
gloire, voulaient asservir le monde, et ils ont
réveillé la liberté endormie sur les bords du
Nil et de la Moscowa. A leurs cris de victoire,
à leurs cris de détresse, du Nord au Midi, les
peuples se sont émus, et, secouant leurs chaînes, ils ont demandé des institutions libérales
aux rois qu'ils avaient délivrés d'un despote.
Ainsi l'indépendance du monde est sortie vi-
vante de notre court asservissement. La Providence a permis que le tyran des peuples
leur ait légué la liberté.

Appelé par la reconnaissance à rendre
hommage à un grand guerrier, Bernardin de
Saint-Pierre aura parlé dignement si son langage doit être un jour celui de la postérité; on
lui a reproché cet éloge, et cet éloge ne renferme que des faits consacrés par l'histoire. Le
sage invite les muses à célébrer, non les con-
quêtes de Napoléon, mais la paix qu'il doit
donner au monde; il admire le héros, et remarque cependant qu'il manque quelque

chose à sa renommée. « Tu ne seras l'amour
des humains, dit-il, que si tu mets ta gloire
dans leur bonheur [1]. »

Les cœurs froids m'accuseront sans doute
de donner trop d'importance à de petites
choses; et si je ne signale ces petites choses,
ils diront que j'ai laissé les faits les plus graves
sans réponse. Semblables à ces accusateurs
qui veillaient en Égypte, à l'entrée des Pyra-
mides, ils se sont assis sur la tombe de l'homme
de bien, et ils ont dit : Il ne reposera pas en
paix, qu'il ne nous ait rendu compte de sa
vie. Mais déjà Bernardin de Saint-Pierre avait
rempli cette honorable tâche; ses ouvrages le
représentent tout entier. Vous le retrouverez
dans l'admirable dialogue de Paul et du Vieil-
lard, opposant les agitations de sa jeunesse à
l'expérience de son âge mûr. Vous le retrou-

[1] On sait que le cardinal Mauri et Regnaud-Saint-Jean-
d'Angely le forcèrent de supprimer un paragraphe entier
du Discours académique où se trouve cet éloge, en disant
que l'Empereur n'aimait ni les leçons ni les conseils.

verez dans la sainte résignation du Paria,
dans la pitié de Bénézet pour les malheureux,
dans l'amour de Céphas pour le genre humain. Il n'a cessé de se peindre en peignant la
vertu, et partout ses sublimes contemplations
nous révèlent cette simplicité de cœur qui appartient à l'honnête homme, et qui constitue
le génie !

Bernardin de Saint-Pierre aimait les hommes et voyait leur faiblesse avec indulgence.
Son humeur était douce, un peu railleuse,
parfois mélancolique. Sa voix touchante, ses
paroles simples, son regard fin et caressant
pénétraient les cœurs. Son teint était frais et
vermeil; les grâces de la jeunesse semblaient
encore se jouer sur son front et autour de ses
lèvres souvent embellies du plus gracieux sourire. La vue des enfans le réjouissait. Il se
plaisait avec les jeunes gens quand ils étaient
modestes, et jamais son éloquence n'était plus
élevée que lorsqu'il voulait faire passer dans

j

leur ame cette force qui était en lui, et sans laquelle il n'y a point de vertu.

Au milieu de sa famille, M. de Saint-Pierre était plein d'abandon. Dans le monde il avait de la noblesse et de la simplicité. D'un coup-d'œil il pénétrait un homme. Avait-il affaire à un sot, il se taisait; à un fat, il le raillait; à un méchant, il s'éloignait. Se trouvait-il au milieu de personnes entièrement étrangères à tout intérêt moral, et toujours occupées d'objets mécaniques ou de spéculations mercantiles, il les écoutait, les questionnait, les remerciait; il savait en apprendre quelque chose. Ainsi un papetier, un graveur, un fondeur de caractères, un marchand de tableaux, pouvaient facilement le prendre pour un sot, et se croire, eux, des gens de génie. Se trouvait-il dans un cercle d'hommes choisis, dont les cœurs battaient à l'unisson du sien, son éloquence devenait touchante et sublime. Il contait avec tant de charme, que j'ai vu ses enfans eux-mêmes perdre en l'écoutant toute leur turbulence, rester immobiles, respirant à peine, les yeux attachés sur les siens, et comme suspendus à ses lèvres, croyant voir ce qu'il avait vu, et sentir ce qu'il avait senti. Les gens du monde, presque toujours aussi turbulens et plus inconsidérés que des enfans, s'accoutumaient avec peine à la lenteur de son élocution, mais dès qu'ils avaient goûté le charme de ses paroles, ils ne pouvaient plus s'en déprendre. Que de fois je me suis trouvé meilleur en le quittant! que de fois, pour conserver l'enchantement de ses pensées, j'ai cherché à les ressaisir dans ses ouvrages! Alors la vertu me semblait naturelle et facile; une flamme divine me consumait : j'étais comme ces disciples de Jésus-Christ, qui, en se rappelant l'impression de ses discours, se disaient entre eux : « Notre cœur brûlait en l'écoutant! »

Que les pensées des grandes ames se corrompent dans l'ame du méchant; qu'elles blessent les petits esprits et meurent sur les cœurs froids; l'honneur de l'humanité est sauvé si, semblables à une rosée céleste, elles fécondent le génie et la vertu !

Telle fut l'influence de Bernardin de Saint-Pierre ! Tel fut le mouvement donné par son génie ! Sa gloire préside à un siècle nouveau ! Qui n'a reconnu ses couleurs dans les pages de notre premier écrivain, sa manière d'observer dans les relations d'un illustre voyageur, et son inspiration dans les accords de notre plus grand poëte ! Châteaubriand, Lamartine, Humboldt, vous êtes sortis de son école ! Delille, privé de la lumière, disait que les Études de la Nature étaient les yeux de son intelligence, et Girodet se plaisait à répéter que ce livre lui avait appris à voir la nature et à sentir Virgile. Sois donc à jamais cher aux peintres, aux poëtes, aux voyageurs et aux philosophes, toi qui fus l'élève de l'antiquité, de la nature et du malheur ! Sois à jamais cher à l'homme de bien, toi l'ami de Ducis et de Jean-Jacques ; sois cher

surtout aux infortunés! Tes ouvrages, portés
dans l'exil, devinrent une source d'abondance
pour les émigrés français, et sur les rochers de
Sainte-Hélène, ils consolèrent Buonaparte dans
son adversité [1].

[1] Dans les derniers temps de sa vie, Buonaparte lisait
sans cesse Paul et Virginie. — On sait aussi que plusieurs
émigrés réfugiés à Londres se firent libraires, et qu'ils y
vécurent fort à l'aise de la vente des ouvrages de Bernardin de Saint-Pierre (voyez le Préambule de l'Edition in-4°
de *Paul et Virginie*, p. 11).